Sophia Dembling

Die Macht der Stille

Sophia Dembling

Die Macht der Stille

Wie introvertierte und hochsensible Menschen ihre Besonderheit erkennen, verstehen und nutzen können

mvgverlag

Bibliografische Information der Deutschen Nationalbibliothek:
Die Deutsche Nationalbibliothek verzeichnet diese Publikation in der Deutschen Nationalbibliografie; detaillierte bibliografische Daten sind im Internet über http://d-nb.de abrufbar.

Für Fragen und Anregungen:
info@mvg-verlag.de

1. Auflage 2015

Übersetzung: Christa Trautner-Suder
Redaktion: Petra Holzmann
Umschlaggestaltung: Pamela Machleidt, nach einer Vorlage des Originalcovers
Satz: Pamela Machleidt
Druck: CPI books GmbH, Leck
Printed in Germany

ISBN Print 978-3-86882-560-2
ISBN E-Book (PDF) 978-3-86415-725-7
ISBN E-Book (EPUB, Mobi) 978-3-86415-727-1

Für Tom, weil ich ihn liebe und
weil er mich versteht.

Introvertierte, vereinigt euch!

Ich muss zugeben, dass es in meinem Leben Zeiten gab – und ich bin bereits seit einigen Jahrzehnten unterwegs –, in denen ich mich fragte, ob ich nicht vielleicht doch eine Art kaltherziger Snob sei. Warum ging ich so ungern auf Partys und warum hätte ich mich, kaum angekommen, am liebsten gleich wieder verdünnisiert? Warum war ich verärgert, wenn aus einer Verabredung mit einer Freundin oder einem Freund ein Gruppenausflug wurde? Warum war ich so übermäßig wählerisch darin, mit wem ich meine Zeit verbrachte? Warum gingen mir regelmäßige wöchentliche Anrufe von Freunden auf die Nerven? Warum brachten mich Herdenmenschen dazu, mich langsam zurückzuziehen? Warum war ich so gerne allein?

War ich schüchtern? Gemein? Wertend? Misanthropisch? Mürrisch? Hasste ich die Menschen? War ich sozial verkümmert? Stimmte irgendetwas nicht mit mir? Wie konnte ich mich ändern und die schulterklopfende Stimmungskanone werden, die alle zu bevorzugen schienen?

Warum war ich so? – Weil meine Natur eine andere ist. Ich bin introvertiert. Und mit mir ist rein gar nichts verkehrt.

Vor ein paar Jahren erfuhr ich erstmals etwas über Introversion – und dies hat meine Selbstwahrnehmung völlig verändert: zum Besseren hin. Ich hasse die Menschen nicht. Ich bin weder unfreundlich noch hochnäsig. Ich bin nicht schüchtern, nicht sozial schwierig oder in irgendeiner (mir bekannten) Weise sozial untauglich. Ich bin absolut fähig, ein Gespräch zu führen. Ich kann sogar vor Publikum sprechen und tue dies recht häufig. Wenn Sie mir begegnen, könnten Sie mich für extrovertiert halten. Das bin ich nicht. Aber viele Menschen verstehen die Introversion nicht, und wenn ich mich selbst als introvertiert bezeichne, versuchen manche Leute, mit mir zu streiten. Sie sagen, ich könne nicht introvertiert sein, weil ich in der Lage sei, aus dem Haus zu gehen, mich sozial zu verhalten und mich zu unterhalten.

Doch der Unterschied zwischen Extrovertierten und Introvertierten besteht nicht darin, dass die ersten gesellschaftsfähig sind und die zweiten nicht. Oder dass Introvertierte andere Menschen nicht mögen und Extrovertierte gleich mit allen gut Freund sind. Oder dass Introvertierte nicht gerne reden und Extrovertierte es lieben, lange zu plaudern. Oder dass Introvertierte Bücher bevorzugen, Extrovertierte hingegen Sport.

Einerseits trifft das alles ein bisschen zu. Andererseits ist es völlig falsch. Eines allerdings ist sicher: Je besser ich die Introversion verstehe, desto besser geht es mir damit und mit mir selbst. Daher dachte ich, ich sollte dieses Wissen teilen. Ziel dieses Buchs ist es, für die introvertierte Lebensart ein gutes Wort einzulegen und Introvertierten dabei zu helfen, mit sich selbst dieselbe stille Behaglichkeit zu erreichen, die ich inzwischen erlangt habe.

Mein erster Aufsatz über Introversion trug den Titel »Bekenntnisse einer introvertierten Reisenden«, er wurde auf einer Website namens *World Hum (Der Lärm der Welt)* veröffentlicht. Er löste sofort sehr viele Reaktionen aus. Tausende Klicks, Hunderte von Kommentaren, jede Menge Danksagungen und zahllose Menschen, die antworteten: »Ja, aber hallo!« Als ich 2009 anfing, über Introversion zu bloggen und die Mitteilungen Tausender Introvertierter verglich, die auf das Blog antworteten, stellte ich fest, dass es hinter all unserem – in meinem Fall amerikanischen – Geplapper eine Subkultur von Leuten gibt, die nur reden, wenn sie etwas zu sagen haben, die andere Leute mögen, aber nicht Tausende von Freunde brauchen, und die manchmal auch Spaß an Partys haben, nur eben auf ihre Art.

Unser Leben lang haben wir Introvertierten an das Märchen geglaubt, dass Extroversion besser und nun mal die westliche bzw.

amerikanische Lebensart sei. In Ländern, in denen Extroversion die höchste Wertschätzung genießt, stehen Introvertierte allein schon deshalb unter Druck, weil sie anders sind. Nach herkömmlicher Meinung ist beispielsweise Amerika eine Nation von Extrovertierten – freundlichen Händeschüttlern, die ständig unmotiviert lächeln und auf Partys gehen, immer nach dem Motto: »Je öfter, desto besser.« Introversion gilt als sonderbar, peinlich, ja sogar als etwas, was Serienmördern anhaftet. Introvertierte werden gedrängt hinauszugehen, auf die Menschen zuzugehen, sich dem Team anzuschließen. Eltern machen sich Sorgen um ihre Kinder, wenn diese lieber allein in ihrem Zimmer spielen, als sich der Horde auf dem Spielplatz anzuschließen. Teenager, die sich als Bücherwurm entpuppen, werden ermahnt, endlich ihr Schneckenhaus zu verlassen. Erwachsene werden gescholten, wenn sie lieber allein arbeiten als im Team.

Man hat uns gesagt, zu viel Einsamkeit sei ungesund. Dass wir »zu intensiv« seien, weil wir tiefgründige, nachdenkliche Gespräche einem fröhlichen Geplauder vorziehen. Manchmal gelten wir als hochnäsig, weil wir nicht der Meinung sind, dass zwei notwendigerweise besser sind als einer, und weil wir ein Treffen unter vier Augen oder in einer kleinen Gruppe einer großen Menschenansammlung vorziehen.

Die Dinge, die Extrovertierte als Riesenspaß empfinden – Partys, Gruppenaktivitäten, Plaudern mit Fremden –, sind für uns Introvertierte kein Spaß, was uns bei vielen Leuten als merkwürdig brandmarkt. Gelegentlich packen uns wohlmeinende Menschen am Arm und versuchen, uns zu Dingen zu bewegen, an denen wir keine Freude haben: Ringelpiez mit Anfassen. Lieder zum Mitsingen. Gemeinsame Wochenenden. Manchmal gehen wir ins Theater und geraten in diese sehr spezielle Hölle der Publikumsbeteiligung. Häufig besuchen wir eine Party nur aus Pflichtbewusstsein und nicht, weil wir Freude daran haben. Nachdem man uns zeitlebens erzählt hat, dass unsere Lebensart nicht die richtige sei, haben wir unser Leben lang versucht, »aus unserem Schneckenhaus« zu kommen, oder haben uns auf die Zunge gebissen und unserer Introversion nur heimlich nachgegeben, als wäre sie ein schmutziges Geheimnis. Tatsache ist jedoch: Es gibt eine Heerschar von Introvertierten, und sie lechzen nach Bestätigung.

An dieser Stelle setzt dieses Buch an.

Liebe Mit-Introvertierte, es ist an der Zeit, dass wir aufhören, etwas vorzutäuschen, es ist an der Zeit, dass wir aufhören, uns dafür zu entschuldigen, wie wir sind. Nur weil wir dazu in der Lage sind, der Welt ein extrovertiertes Gesicht zu zeigen, bedeutet das noch lange nicht, dass wir dies auch tun müssen. Es ist allein unsere Entscheidung. Introversion ist nicht falsch, Extroversion ist nicht richtig – und umgekehrt. Wir sind, wie wir sind, und genau das macht die Welt interessant.

In diesem Buch werde ich beides darlegen: die Probleme und die Lösungen, was wir sind und was wir nicht sind, was wir sein könnten und was wir nicht sein müssen, wenn wir das nicht wollen. Introversion ist keine Krankheit, sie ist nicht pathologisch und nicht schlecht. Sie ist ganz einfach eine Funktionsweise in dieser Welt, und daran ist überhaupt nichts Verkehrtes.

Es ist an der Zeit, dass wir unsere Natur annehmen und anfangen, unseren Fall zu verteidigen. – In aller Stille.

Was würde Jung dazu sagen?

Was genau ist Introversion? – Das hängt davon ab, wen Sie fragen.

Für Sigmund Freud in seiner miesepeterigen Art war Introversion pathologisch, eine Form der Neurose. Er definierte sie als »Abkehr der Libido von den Möglichkeiten der realen Befriedigung …« Mit anderen Worten: Er glaubte, Menschen seien introvertiert, weil sie der Realität nicht ins Auge blicken und nicht glauben können, dass sie niemals Sex haben werden. Glücklicherweise werden Gespräche heute nicht mehr von der sexbesessenen Freud'schen Meinungsmache beherrscht, auch wenn deren Schatten noch immer in dem Klischee der in einen Bademantel gehüllten männlichen Jungfrau weiterlebt, die bei Muttern in der Kellerwohnung lebt.

Seit den Tagen Freuds hat sich die Definition der Introversion gewandelt, verändert und ist gewachsen – und dieser Vorgang hält noch immer an. Introversion ist eigentlich ein schwer greifbarer Begriff, der näher bestimmt werden muss. Je genauer wir ihn uns anschauen, desto mehr allerdings entzieht er sich. Wissenschaftler arbeiten noch immer an dem Versuch einer Definition, die alle Nuancen der Introversion beinhaltet, und sie versuchen gleichzeitig, die Unterschiede zwischen Introversion und Schüchternheit, Hochsensibilität und weiteren Elementen herauszuarbeiten, die zur Sprache kommen, wenn Introvertierte die Introversion beschreiben. Zudem würden die Wissenschaftler gerne eine Definition finden, die ihnen bei der empirischen Erforschung in der Psychologie und in den Kognitionslabors helfen könnte.

C.G. Jung, ein Schützling Freuds, des ewigen Sexgeredes und der negativen Art seines Mentors überdrüssig, trennte sich von diesem, um seine eigenen Gedanken zu formulieren und eine weniger trostlose Meinung über Introversion und Extroversion zu äußern – ihm ist übrigens die Popularisierung dieser Begriffe zu verdanken. Jung war der Erste, der das Modell der psychischen Energie aufbrachte und darauf hinwies, dass die Energie bei Introvertierten nach innen und bei Extrovertierten nach außen fließt. Wir Introvertierten sind geneigt, diese Definition aufzugreifen. Wir empfinden sie als richtig, weil wir genau wissen, wie es sich anfühlt, wenn unsere Energie aufgebraucht ist, weil wir sie zu sehr haben nach außen fließen lassen. Ein Wochenende in größerer Gesellschaft kann mich persönlich anschließend ein paar Tage geradezu ins Koma versetzen. Eine Woche in größerer Gesellschaft, und ich muss mich mindestens eine Woche lang in meine Höhle zurückziehen.

Diese Theorie der nach innen oder außen fließenden Energie bestimmt noch immer die allgemeine Diskussion, auch wenn es so gut wie unmöglich ist, »psychische Energie« zu definieren, und noch schwieriger, sie im Labor zu messen. Dennoch gehört sie zu den Dingen, die die meisten von uns sozusagen auf zellulärer Ebene verstehen. Zu schade, dass »ich weiß es genau« nicht ausreicht, sodass Wissenschaftler irgendwelche Daten daran festmachen könnten.

Hans Jürgen Eysenck, ein deutsch-britischer Psychologe, brachte die Soziabilität in die Diskussion mit ein. Eysenck betrachtete die Introversion als das Gegenteil der Extroversion, die er als kontaktfreudig, gesellig, begeisterungsfähig und impulsiv beschrieb. Nach diesem Modell klingt die Introversion in meinen Ohren wie ein trostloses Päckchen; Begriffe, die das Gegenteil von Eysencks Definition der Extroversion beschreiben, sind »kontaktarm«, »nicht begeisterungsfähig«, »distanziert«. Während Freud uns das Trauerkloß-Jungfrau-Modell der Introversion bescherte, kann man Eysenck zum Teil für das Klischee des kontaktarmen Menschenfeindes verantwortlich machen. (Wobei wir, wenn wir uns die Charakterzüge der Extroversion noch einmal ansehen, vielleicht darin übereinstimmen könnten, dass Impulsivität nicht unbedingt etwas ist, worauf man immer stolz sein kann. Ein Punkt geht also doch an die Introvertierten.) Eysenck war auch der Erste, der äußerte, Introversion und Extroversion könnten physiologisch bedingt sein; die Gehirne der Extrovertierten könnten nach mehr Erregung lechzen als die Gehirne der Introvertierten.

Nicht, dass Eysenck bezüglich der Introversion in allen Punkten falsch liegen würde oder diese unbedingt kritisch sähe. Wir Introvertierten *sind* tatsächlich weniger gesellig als Extrovertierte. Diese Definition ist für uns in Ordnung. Ich möchte nur, dass die Rechtmäßigkeit dieser Tatsache anerkannt und nicht als Mangel abgestempelt wird. (Mehr dazu später.) Auch gefällt mir der Gedanke, dass Introversion tatsächlich eine Veranlagung ist, weil ich die Leute satt habe, die versuchen, mich zu ändern – oder das Gefühl, ich müsste mich selbst ändern. Wenn dies meine bzw. unsere grundlegende Natur ist, kann sie nicht verändert werden.

In den 1960er-Jahren begannen andere Persönlichkeitstheoretiker, die sogenannten Big Five zu entwickeln: das Fünf-Faktoren-Modell der Persönlichkeit. Dabei handelt es sich um Persönlichkeitszüge, die zeitlebens relativ stabil bestehen bleiben. Die Extroversion und deren Gegenteil, die Introversion, gehören zu diesen Persönlichkeitszügen. (Die weiteren sind Offenheit für Erfahrungen, Gewissenhaftigkeit, Neurotizismus und Soziale Verträglichkeit). Jeder von uns steht auf diesem Kontinuum der Persönlichkeitszüge auf einem anderen Platz. Die Extroversion hat in diesem Modell sechs Aspekte: herzlich, gesellig, durchsetzungsfähig, aktiv, empfänglich für An- und Aufregungen und positiv gestimmt. Auch hier ist es wieder so, dass nichts Schönes herauskommt, wenn man das Gegenteil der Extroversion extrapoliert: kalt, schweigsam, nachgiebig, häuslich, langweilig und mürrisch. Ich weise jede dieser Beschreibungen zurück, ausgenommen vielleicht die Häuslichkeit, denn häuslich kann ich zeitweise durchaus sein. Auch mürrisch kann ich gelegentlich sein, normalerweise jedoch nur dann, wenn meine Energie durch zu viel Geselligkeit erschöpft ist.

In den letzten Jahren hat die Debatte darüber angehalten, was Introversion ist, sie hat jedoch seit Freuds griesgrämiger Bewertung einen weiten Weg zurückgelegt. Unter Einsatz aller heute verfügbaren neuen Hochleistungstechnologien im Bereich der Gehirn-Scans beginnen die Wissenschaftler tatsächlich, Unterschiede in den Gehirnen Introvertierter und Extrovertierter festzustellen. Und allmählich setzt sich auch die Auffassung durch, dass Introversion gar nicht so schlecht sei – dass sie tatsächlich einige wirklich gute Qualitäten haben könnte. Die Psychoanalytikerin und Autorin Marti Laney war eine der ersten der sogenannten »Pro-Introversions«-Bewegung und bereicherte die Diskussion um einige weitere Qualitäten Introvertierter: scharfsinnige Denker, kreativ, sich selbst reflektierend, flexibel, verantwortungsbewusst.

Das ist großartig und liefert Ansätze, die Introversion in eine völlig andere Richtung zu definieren. Das tut beispielsweise der von der Psychologin Elaine Aron geprägte Begriff der »Hochsensiblen Personen« (kurz HSP), der ebenfalls in den Introversions-Definitions-Mix aufgenommen wurde, weil viele Introvertierte, die ihre Bücher gelesen haben, sich darin selbst wiedererkannt haben. Hochsensible Menschen werden schnell von zu viel Aufregung und Unruhe überwältigt, sie sind empfänglich für die Stimmungen anderer Menschen und nehmen alles in ihrer Umgebung übermäßig stark wahr. Dies ist eine Frage der sensorischen Verarbeitung. Von mir ist bekannt, dass ich zu einer großen, lebhaften Party ging und beinahe in Katatonie verfiel. Ob diese hohe Empfindlichkeit für äußere Stimuli nun auch ein Aspekt der Introversion oder etwas anderes ist, insgesamt trägt dieser zusätzliche Aspekt der Definition der Introversion jedenfalls zu weiterer Verwirrung bei.

Und es gibt das Problem, dass Schüchternheit lange Zeit als Synonym für Introversion galt. Die vielen Jahre, in denen Wissenschaftler und andere »Introversion« und »Schüchternheit« als austauschbare Begriffe verwendet haben, machen die Sache entschieden verworrener, vor allem im Labor. In der Vergangenheit wurde viel Forschungsarbeit unter der Annahme geleistet, dass Schüchternheit für Introversion stünde, daher ist die Forschung zwar durchaus interessant und teilweise auch relevant, teilweise jedoch auch irrelevant. Dennoch werden wir uns hier damit beschäftigen, einfach weil es nichts anderes gibt. Wir nehmen sie als Notbehelf.

Trotz der Verwirrung wird eines zunehmend klar: Introversion ist mehr als nur die Abwesenheit von Extroversion. Wir Introvertierte nehmen unseren eigenen Raum in der Welt ein, auch wenn dessen Gestaltung noch nicht vollständig definiert ist. Wir sind ein bisschen Jung und ein bisschen Eysenck. Laney trägt zu unserem Wohlbefinden bei, und wir glauben gerne, dass wir kreativ und nachdenklich sind und all diese anderen guten Eigenschaften haben, aber empirische Daten, um dies zu bestätigen, gibt es nicht. Viele Introvertierte beziehen sich auf Arons HSP, auch wenn das Urteil darüber, ob ein Zusammenhang mit Introversion vorhanden ist, noch aussteht.

Die gute Nachricht jedoch lautet, dass sich Introvertierte mehr als je zuvor (Dank sei dem World Wide Web) zusammenschließen, miteinander sprechen, Nachrichten austauschen und ihre Natur annehmen, wie sie ist. Die Wissenschaftler sollen die Arbeit im Labor erledigen, wir jedoch betreiben Feldforschung. Wir sind Teil der Bewegung, um die Introversion zu definieren, zu schildern und zu verstehen, und kommen dem Ziel täglich näher, alles darüber herauszufinden.

Amerikas großer Lärm

Amerikas Kultur ist laut. Wir brüllen einander auf alle erdenklichen Arten an – Politiker und Experten, Filmstars und die Stars aus Realityshows, Reklameflächen und Fernseher, Handys und SMS, alle fordern unsere Aufmerksamkeit. Schlagzeilen informieren ebenso auffällig über Autobomben und die Scheidung irgendwelcher Prominenter; Blockbuster-Filme werden immer lauter, teurer und realitätsferner. Im TV-Land sprechen die Führungskräfte darüber, dass sie »laute« Shows brauchen, um sich im Wirrwarr von Hunderten von Kanälen und Hunderten von Shows durchzusetzen. *Blam! Slam! Explosions! Gunfire! Zombies! When animals attack!* Ruhige Shows über ruhige Emotionen sterben häufig fast lautlos innerhalb weniger Wochen nach ihrem Start. – Das alles ist nicht nur in Amerika so!

Sogar die Lautstärke der Trauer haben wir aufgedreht. Ich war überrascht und bestürzt über die Orgie öffentlicher Trauerbekundungen, die nach dem Tod von Prinzessin Diana zu erleben war. Sie schien eine total nette Lady gewesen zu sein, aber warum musste das Jammern so öffentlich und überdreht sein? Hatten denn alle Menschen auf der Welt irgendeine persönliche Beziehung zu ihr, die mir entgangen war? Wann wurde aus einfacher Trauer ein unangemessener Ausdruck von Gram?

Auch Facebook hat die Trauer in die Öffentlichkeit getragen, ob nun als Reaktion auf die Nachrichten von Prominenten, wie den Tod von Michael Jackson, oder im Fall persönlicher Verluste, die man auf verweinten Facebook-Seiten posten und alle »Freunde« dazu einladen kann, den eigenen Kummer zu teilen. Wir verschweigen nichts mehr, und je lauter wir werden, desto lauter wird alles, um den Umgebungslärm, den wir erzeugt haben, zu übertönen.

Dieses Hochfahren gilt nicht nur für die Lautstärke, sondern auch für unsere Erwartungen. Stiller Erfolg – das Malen eines Bildes, das Schreiben eines Gedichts, das Verfassen eines Algorithmus' – ist schön und gut, wenn man damit aber nicht berühmt wird, zählt er dann überhaupt? Stürzt ein Baum im Wald um, ohne in einem Nachrichtensender erwähnt zu werden, ist es dann tatsächlich passiert?

Nicht nur Amerika hat seine Lautstärke weit aufgedreht. Doch in gewisser Weise wirkt diese Nation dadurch extrovertierter denn je. Das Land ist voller quietschender Reifen, die Aufmerksamkeit verlangen. Die Politik ist laut und kriegerisch, und die lautstärksten und vorlautesten Experten erhalten die meiste Aufmerksamkeit, so wie man eine schrillende Autoalarmanlage nicht überhören kann. Unsere stillen Denker, Intellektuellen, Dichter und Philosophen haben keine Chance, über all diesem Lärm gehört zu werden. Alle Introvertierten werden übertönt.

Bei persönlichen Kontakten zwischen Extrovertierten und Introvertierten sind die Introvertierten auf dem Rückzug. Wenn sie sich einem Plappermaul gegenübersehen, entziehen sie sich einfach mental, lassen die Worte über sich niedergehen, während sie sich still in ihren Kopf zurückziehen. Bei einer großen lebhaften Party halten sie nach einem Platz Ausschau, wo sie abseits des Klamauks sitzen und sich freuen können, wenn jemand auf einen Besuch vorbeischaut, aber sie werden sicher nicht aufspringen, um sich einer Polonaise anzuschließen.

Näher betrachtet haben es Introvertierte jedoch nicht so einfach. Introvertierte sind – häufig wichtige – Zahnräder in der Maschinerie, deren Beiträge oft übersehen oder heruntergespielt werden. Bei einem erfolgreichen Film werden die Schauspieler gerühmt, nicht der Drehbuchautor. Der Gipfel des Erfolgs für ein Buch ist heutzutage, wenn es verfilmt wird; sobald eine Geschichte mit Geräusch verbunden ist, ist sie etwas wert. Die Stars von Realityshows verdienen sehr viel mehr Geld als Bibliothekare. (Nicht dass Bibliothekare nicht extrovertiert sein könnten.) Wie, glauben Sie, sieht das Verhältnis von weltberühmten klassischen Musikern gegenüber weltberühmten jungen Frauen aus, die tanzen, eine Art Gesang von sich geben und leicht bekleidet eine gute Figur machen? Extrovertierte lieben es, im Rampenlicht zu stehen, und sie wissen, wie sie es bekommen.

Wobei das nicht heißen soll, dass es keine extrovertierten Schriftsteller oder introvertierten Schauspieler gäbe. Eine der extrovertiertesten Schriftstellerinnen, die ich kenne, arbeitet sehr viel als Ghostwriterin. Dazu muss sie sich in das Gehirn eines anderen versetzen und diese Person im eigenen Gehirn lebendig werden lassen. Das klingt für mich unerträglich. In meinem Gehirn ist wirklich nicht genügend Platz für jemand anderen. Introvertierte Schauspielerinnen wie Julia Roberts werden eher dann berühmt, wenn sie im extrovertierten Modus agieren – beim Spielen, beim Plaudern in Talkshows, bei Auftritten auf dem roten Teppich. Sobald es anschließend möglich ist, ohne die Karriere zu gefährden, ziehen sich introvertierte Filmstars in ein gut beschütztes Leben zurück, in dem sie sehr streng auswählen, wer sie wann und wie zu Gesicht bekommt. Johnny Depp ist ein gutes Beispiel dafür. Wenn er nicht auf der Leinwand ist, lebt er meist abgeschottet von den Blicken der Öffentlichkeit.

In gewisser Weise ist das alles sehr schön. Wir Introvertierten mögen es nicht, wenn aller Blicke auf uns ruhen. Es kann jedoch auch frustrierend sein, wenn wir etwas zu sagen haben, aber nicht brüllen möchten.

Wie können wir uns bei all dem Lärm verständlich machen?

Ich erinnere mich, einmal ein Interview mit Marlon Brando gelesen zu haben, der beschrieb, wie er seine Rolle in *Der Pate* angelegt hat. Brando sagte, er habe festgestellt, dass mächtige Menschen immer leise sprechen und Don Corleones Ruhe und fast unhörbare Sprechstimme der Schlüssel zu der Rolle seien. Wenn Corleone spreche, müsse man still sein, um ihn zu hören. Was können wir von Don Corleone lernen (ich meine jetzt nichts, was das Töten von Menschen angeht!)? Dass Stille ihre eigene Kraft hat, wenn wir sie uns nutzbar machen können.

Introvertierte sind dabei, sich Gehör zu verschaffen, und auch wenn jede einzelne Stimme leise ist, muss man sie nur zusammenfassen, um eine deutlich lautere Stille zu erhalten. Anstatt zu versuchen, die ganze Nation zu übertönen, müssen wir standhaft bleiben und unsere Wahrheiten konsequent äußern. Fangen wir bei den Menschen an, die uns am nächsten stehen, sagen so oft wie nötig, was zu sagen ist und wer wir sind, bis es Wirkung zeigt. Hören wir auf, uns zu entschuldigen oder uns davonzuschleichen, wenn wir eine Party verlassen möchten. Geben wir sanft Kontra, wenn irgendjemand versucht, uns wegen unserer Natur zu beschämen. Manchmal ist es nicht nötig, etwas laut zu sagen, um gehört zu werden, wenn man es nur konsequent immer und immer wieder sagt. Ein Introvertierter nach dem anderen wird schließlich dafür sorgen, dass man uns hört.

Sind Introvertierte schüchtern?

Introvertierte werden immer wieder fälschlich für extrovertiert gehalten, weil viele Leute meinen, Introversion sei dasselbe wie Schüchternheit. Das ist es aber nicht.

Ja, Schüchternheit und Introversion haben beide mit Geselligkeit zu tun, aber während schüchterne Menschen Angst davor haben, unter Leute zu gehen, sind Introvertierte einfach nicht immer daran interessiert.

Louis A. Schmidt, ein Neurowissenschaftler der McMaster University, der Schüchternheit erforscht, veränderte meine Denkweise bezüglich Introversion und Schüchternheit völlig. Er definiert Introversion als eine Motivation – in diesem Fall den schwachen Wunsch, mit anderen Menschen zusammen zu sein. Extrovertierte haben eine sehr viel größere Sehnsucht nach Gesellschaft als Introvertierte.

Schüchternheit definiert er hingegen als ein Verhalten. Schüchterne Menschen sind gehemmt, angespannt und fühlen sich in Gesellschaft unwohl. Und so wie Introvertierte schüchtern sein können, trifft dies auf Extrovertierte ebenso zu.

Weiter erklärt Schmidt: »Wenn wir uns die Wechselwirkung zwischen Schüchternheit und Introversion anschauen und beide als zwei verschiedene Dimensionen behandeln, dann ist es so, als würde die unabhängige Messung das Verhalten um einzigartige Varianten bereichern.« Für Nicht-Neurowissenschaftler übersetzt heißt dies, dass sich jemand, der introvertiert und schüchtern ist, anders verhält als jemand, der introvertiert und nicht schüchtern ist, der wiederum verhält sich anders als jemand, der extrovertiert und schüchtern ist, wobei der sich auch wieder anders verhält als jemand, der extrovertiert und nicht schüchtern ist.

Die unglücklichste Kombination ist extrovertiert und schüchtern. Diese bedauernswerten Seelen möchten gesellig sein und fürchten sich doch davor. Es sind diejenigen, die bei jeder Party aufkreuzen und dann in der Ecke kauern oder verängstigt und stumm bei Events herumstehen oder vielleicht zu alkoholischen Getränken greifen, um den Partylöwen bzw. die Partymaus in sich hervorzulocken. (Das probieren auch manche Introvertierte, insbesondere wenn sie jung sind und versuchen, sich einer studentischen Partygesellschaft anzupassen. In der Regel entwachsen sie diesem Stadium jedoch. Mehr dazu später.)

Ich selbst bin introvertiert und nicht schüchtern. Das bedeutet, wenn ich einen Schritt aus »meinem eigenen Kopf« heraus tun möchte, geht das problemlos. Aber oft will ich das nicht. Mein Job verlangt es beispielsweise häufig, dass ich reise und mit Gruppen durch verschiedene Gegenden fahre. An manchen Tagen bin ich mittendrin, plaudere und scherze und lasse meine Stimme bei den Sitzungen fröhlich vernehmen. An anderen Tagen bin ich daran einfach nicht interessiert, dann nehme ich mich zurück, überlasse anderen das Rampenlicht und erfreue mich an meiner eigenen Gesellschaft. Das kann tatsächlich von einer Stunde auf die andere umschlagen. Ich bin kein Morgentyp, deshalb trinke ich meine erste Tasse Kaffee in meinem Hotelzimmer, egal wie abscheulich der Kaffee ist, der aufs Zimmer gebracht wird (der schmeckt in der Regel ziemlich grässlich). Nachmittags kann ich durchaus in der Stimmung sein für etwas freundschaftlichen Spaß und Geplauder, aber abends bin ich in der Regel wieder so weit abzuschalten.

Schüchternheit kann in großem Ausmaß überwunden werden. Bei der Introversion ist das nicht der Fall, und das ist in Ordnung so. Introvertierte, die ihre Natur akzeptiert haben, fühlen sich nicht so, als fehle ihnen etwas. Abgesehen davon können sich viele Introvertierte wie Extrovertierte benehmen, wenn sie wollen. Wenn die extreme Introversion an einem Ende des Kontinuums liegt und die extreme Extroversion am anderen Ende, leben viele Introvertierte zwischen beiden Extremen; und je näher ein Introvertierter in der Mitte liegt, desto leichter fällt ihm eine extrovertierte Verhaltensweise.

In einer Online-Diskussion beschrieb sich ein Typ als »verwegenen Introvertierten« wegen seiner Fähigkeit, einen Raum zu betreten und dabei eine Show abzuziehen. Eine Frau bezeichnete sich selbst als »extrovertierte Introvertierte«. Wenn ich für mich beschließe, die Extrovertierte zu geben, nenne ich das meine »Zirkusshow«.

Wenn nicht-schüchterne Introvertierte wollen, können sie die Aufgabe bewältigen, charmant und witzig zu sein. Sie können neue Leute kennenlernen. Sie können Gespräche anfangen und in Gang halten und sogar schüchterne Menschen aus ihrem Schneckenhaus holen, weil sie sich gut darauf verstehen, andere nicht aufzuregen, und weil sie geduldige Zuhörer sind. Sie wissen, wie man jemanden so in eine Unterhaltung einbezieht, dass selbst Mimosen nicht erschrecken.

In gewisser Weise könnte man nicht-schüchternen Introvertierten höhere soziale Fähigkeiten zugestehen als Extrovertierten, weil sie Aufmerksamkeit akzeptieren können, ohne sie zu fordern. Wenn ich mich in einer Situation befinde, in der die Unterhaltung etwas Aufmunterung braucht, kann ich für diese Aufmunterung sorgen. Die Zuhörerqualitäten von uns Introvertierten leisten uns gute Dienste dabei, eine Unterhaltung aufrechtzuerhalten, weil wir wirklich hören, was die Leute sagen, und daher wissen, was wir fragen oder anfügen können.

Wenn dann jedoch jemand daherkommt, der eindeutig wünscht, im Rampenlicht zu stehen, sind wir genauso zufrieden damit, ihm die Bühne zu überlassen. Ich akzeptiere Aufmerksamkeit, manchmal lade ich dazu ein, aber ich dränge mich nicht danach. Das kann ich tatsächlich gar nicht. Dazu bin ich nicht laut genug, nicht frech oder nicht hartnäckig genug. Ich kann meine Zirkusshow ebenso leicht wieder beenden, wie ich sie begonnen habe, ohne jeden Groll – häufig sogar mit Erleichterung. Ich bin genauso glücklich, im Publikum zu sitzen, während jemand anderer das Podium einnimmt. Oder zur Hintertür hinauszuschlüpfen und die Show ohne mich weitergehen zu lassen.

Nicht-schüchterne Introvertierte sind daran gewöhnt, dass man ihnen sagt, sie könnten unmöglich introvertiert sein. Das kann ärgerlich sein, aber betrachten Sie es als lehrreichen Moment. Bedenken Sie: Wir Introvertierten können alles machen, was Extrovertierte machen, und wir machen es gut. Der Unterschied ist, dass wir nach einiger Zeit das Interesse daran verlieren.

Born to be mild

Da die Introversion zu den Wesenszügen gehört, die zeitlebens ziemlich beständig bleiben, ist anzunehmen, dass in unseren Gehirnen etwas vor sich geht, was dafür verantwortlich ist, auch wenn Forscher dies bisher noch nicht genau bestimmen konnten. Wahrscheinlich kommen verschiedene Dinge zusammen.

Eine Studie hat herausgefunden, dass das Gehirn eines Introvertierten leblosen Objekten ebenso viel Aufmerksamkeit widmet wie menschlichen Gesichtern, anders als das Gehirn eines Extrovertierten, das Gesichtern mehr Aufmerksamkeit schenkt. Eine andere Studie hat festgestellt, dass das Gehirn der Extrovertierten empfänglicher für Belohnungen ist als das Introvertierter. Das könnte erklären, warum Extrovertierte – wie Introvertierte (etwas misanthropisch) behaupten – bedürftig erscheinen. Sie lieben Belohnungen und empfinden Geselligkeit als belohnend.

Die Psychologin Elaine Aron hat als Einzelkämpferin daran gearbeitet, die von ihr als Hochsensible Personen (HSP) bezeichneten Menschen zu verstehen und zu interpretieren. Viele von uns Introvertierten können Arons Beschreibung von HSP gut nachempfinden. Wir werden durch viel Lärm und Aufregung leicht durcheinandergebracht, stellen uns stark auf die Stimmungen und Emotionen anderer Menschen ein, haben ein reiches Innenleben, denken tiefgründig und brauchen viel Zeit, um uns mit neuen Situationen anzufreunden. Bisher ist jedoch noch nicht klar, ob alle Introvertierten auch zugleich HSP sind, allerdings scheint das in das komplizierte Gefüge unseres derzeitigen Verständnisses der Introversion zu passen.

Durch die Magnetresonanztomografie, bei der die Hirnaktivität gemessen wird, hat Aron tatsächlich Gehirnaktivitäten gesehen, die ihre Hypothese über das langsame, tiefgründige Denken von HSP unterstützen. Sie stellte fest, dass das Gehirn einer HSP auf subtile oder deutlichere Veränderungen auf Fotos anders reagiert als das Gehirn einer Nicht-HSP. Hochsensible Menschen schauten Fotos mit subtilen Veränderungen länger an, und dabei leuchtete ein ganzes Bündel von Hirnarealen zusammen mit den visuellen Bereichen auf, was anzeigt, dass sie die Bilder in der Tiefe verarbeiteten.

Wenn schon bei einem Foto so tiefe Prozesse ablaufen, können wir daraus schließen, dass die reale Welt des Gehens, Sprechens, Lachens, Tanzens, Streitens und Partyfeierns beim hochsensiblen Menschen zu einer Art Übersteuerung des Gehirns führt. Und wenn diese Sensibilität tatsächlich eine Facette der Introversion ist, bedeutet Arons Forschungsergebnis, dass das Gehirn eines Introvertierten von ganz allein stark arbeitet und durch zu viel Trubel im Umfeld leicht überflutet wird. Während eine äußere Stimulation den Treibstoff für das Gehirn eines Extrovertierten liefert, erzeugen unsere Gehirne ihre Energie von selbst. Bei zu viel äußerer Stimulierung drehen wir Introvertierten durch.

Das ist wahrscheinlich auch der Grund, warum es mich (und andere Introvertierte) lähmen kann, wenn wir zu einer großen, lauten Party gehen. Ich kämpfe dann damit, meinen Blick zu fokussieren, vergesse die Namen der Leute, muss mich sehr anstrengen, meine Sätze zu bilden. Mein Gehirn kann die Szene nicht verarbeiten: Die Gastgeber begrüßen und entscheiden, was ich trinken möchte, das alles gleichzeitig ist zu viel. Meine Ohren klingeln schon, wenn ich es hier nur beschreibe.

Andere Forschungsarbeiten weisen darauf hin, dass das Gehirn Extrovertierter große Mengen des Neurotransmitters Dopamin (sehr vereinfacht gesagt, ist das die Substanz, die dazu beiträgt, im Gehirn die Belohnungs- und Vergnügungszentren zu kontrollieren) verlangt, die sie sich verschaffen, indem sie ausgehen und etwas unternehmen. Das Dopamin hat keinen weiten Weg bis zu seinem Ziel im Gehirn zurückzulegen, was es Extrovertierten ermöglicht, Daten schnell zu verarbeiten und unter Druck zu handeln und zu sprechen.

Das Gehirn Introvertierter hingegen wird etwas angespannt, wenn es von Dopamin überflutet wird, und fühlt sich sehr viel wohler, wenn es von dem Neurotransmitter Acetylcholin versorgt wird. Während man Dopamin als den Neurotransmitter charakterisieren kann, der für »aufstehen und los geht's« sorgt, ist Acetylcholin der Neurotransmitter für »hinsetzen und nachdenken«. Acetylcholin hat zwischen Start und Ziel zudem einen weiten Weg zurückzulegen. Vielleicht neigen Introvertierte deshalb dazu, langsam zu agieren und zu reagieren.

Aber selbst jetzt, da mehr über Introversion bekannt wird, unterliegen wir Introvertierten noch immer dem offenen oder versteckten Druck, uns zu ändern. 2010 wurden die Introvertierten durch das Vorhaben verärgert, die Introversion in die nächste Ausgabe der Diagnosebibel für Psychische Störungen aufzunehmen, das *Diagnostic and Statistical Manual of Mental Disorders* (DSM-5). Die Introversion wäre einer von mehreren Faktoren gewesen, die zu der Diagnose einer schizotypen Persönlichkeitsstörung hätte führen können. (Der Vorschlag beschreibt die Introversion als »Sozialen Rückzug: Vorliebe, allein zu sein, anstatt mit anderen zusammen; Zurückhaltung in sozialen Situationen; Vermeidung und mangelnde Freude an sozialen Kontakten/Aktivitäten; Fehlende Initiative zu sozialen Kontakten«.)

Mir ist klar, worauf die Ärzte hinauswollten. Zum Glück besannen sie sich eines Besseren und beschlossen, die Introversion aus der Diskussion herauszuhalten. Sie wäre nur eine mögliche Komponente einer Mehrkomponentendiagnose gewesen. Aber sie hätten dafür wirklich einen anderen Namen oder einen Zusatz finden müssen: Wie wäre es mit ›pathologischer Introversion‹? Man hätte etwas Zwang oder Verzweiflung hineinlegen müssen. Die meisten von uns Introvertierten gehen nämlich ganz einfach einem normalen Leben nach, lediglich mit weniger Trubel als unsere extrovertierten Freunde.

Sie können sicher sein: Wenn Sie introvertiert sind, sind Sie nicht psychisch krank. Sie sind nicht gefährlich. Oder seltsam. Oder irgendwie mangelhaft. Sie sind einfach nur manchmal gerne allein. Das ist Ihnen angeboren.

Quiet Riot – Leiser Aufruhr

So sanft wir Introvertierten einerseits sein mögen, zeigt sich doch auch, dass wir ganz schön zornig werden können. Ich weiß das, weil ich online erlebt habe, wie sich Introvertierte über Introversion austauschen, erleichtert, andere Menschen gefunden zu haben, die sie wirklich verstehen, und glücklich über die Möglichkeit, Dampf ablassen zu können. Und wirklich, was hatten sie an Dampf abzulassen!

Viele Introvertierte haben die Botschaft der Gesellschaft verinnerlicht, dass ihre Lebensart falsch und dass Extroversion besser sei. Einige haben den Kampf aufgegeben und überlassen es Freunden und der Familie, sie zu scheinbar Extrovertierten umzuformen, egal wie unangenehm es sich für sie anfühlt. Wenn sie jedoch online andere Introvertierte finden, die die Richtigkeit ihrer Lebensart bestätigen, sind sie erst einmal erleichtert. Und dann werden sie sauer.

Ich habe Introvertierte erlebt, die Extrovertierte beschuldigt haben, oberflächlich und dumm zu sein. Eine Leserin schrieb, sie weigere sich, sich schlecht zu fühlen, »wenn ich als ›unsozial‹ oder ›nicht kontaktfreudig genug‹ bezeichnet werde oder nicht zu einer dummen Hochzeit oder langweiligen Cocktailparty gehen will … Meine Freunde und ich nennen dieses Phänomen die ›Tyrannei der Extrovertierten‹.«

»Ich realisiere, dass wir in der amerikanischen Kultur eine Minderheit sind, aber warum müssen wir diejenigen sein, die sich erklären müssen?«, schrieb jemand. (Tatsächlich zeigen neuere Forschungsergebnisse, dass wir Introvertierten gar nicht in der Minderheit sind – wir stellen schließlich rund 50 Prozent der Bevölkerung.)

Und wieder ein anderer klagte: »Warum wird ein introvertierter Mensch, der ein Verbrechen begeht, als ›Einzelgänger‹ beschrieben, als wäre das eine schlimme Sache und etwas, worauf man achtgeben müsse? Wenn ein extrovertierter Mensch ein Verbrechen begeht, sagt niemand: ›Ja, er schien ein netter Nachbar zu sein; aber im Nachhinein denke ich, dass es merkwürdig war, dass er immer mit jemandem sprach und sich immer mit anderen Menschen zu umgeben schien!‹«

Wieder eine andere schrieb: »Ich glaube, so ziemlich das Schmerzlichste, was ich je zu hören bekam, war, als meine Schwestern mich als ein gefühlloses Kind bezeichneten. Wegen meiner extremen Introversion erscheine ich oft still und desinteressiert an der Außenwelt, obwohl in meinem Inneren häufig viele Emotionen brodeln und ich sehr an allem interessiert bin, was vorgeht.«

Ist es bei all diesen Frustrationen und Verkennungen verwunderlich, dass Introvertierte hin und wieder das Gefühl haben, losschlagen zu wollen? Von Zeit zu Zeit war ich selbst versucht, Leuten eins überzuwischen, wenn sie sich vor mir aufbauten und versuchten, mich aus meinem Schneckenhaus zu ziehen. Sie meinten es sicher alle gut, aber ich bin nun einmal gerne in meinem Schneckenhaus. Und wenn sie ein freundliches »Nein danke« oder »Mir geht es gut« nicht als Antwort akzeptieren können, werden sie mich nicht von meiner freundlichen Seite kennenlernen.

Natürlich tauchen online hin und wieder Extrovertierte unter den Introvertierten auf und beklagen sich über die Feindseligkeit, die ihrem Persönlichkeitstyp gegenüber geäußert wird. Das verstehe ich auch. Wer rechnet schon damit, dass er, wenn er energiegeladen und freundlich ist und versucht, andere davon zu überzeugen, sich aufzuraffen und auf der Party des Lebens Boogie zu tanzen, so viel Zorn entfachen könnte? Ich versuche, Extrovertierten zu versichern, dass dies etwas ist, was Introvertierte zur Befreiung einfach brauchen. Und sie sind dabei, sich zu befreien!

Das ist gut so. Es wirkt reinigend, zusammen mit verwandten Seelen zu motzen. Wir Introvertierten sind eine Gruppe, die irgendwie unterdrückt wurde, und wir brauchen dieses »Maulheldentum«, das der Zorn uns liefert, bevor wir uns in stillem Selbstvertrauen wieder beruhigen können. Außerdem kann man etwas, was man nicht erkennt, auch nicht ändern, und indem wir Introvertierten unsere Wut herauslassen, können wir anfangen, genau zu bestimmen, wodurch wir uns klein gemacht, schikaniert, verkannt oder auch nur völlig erschöpft fühlen. Und sobald wir wissen, wo und wie sich etwas falsch anfühlt, können wir anfangen, dies in unseren eigenen Köpfen und in der Wahrnehmung der anderen zum Besseren hin richtigzustellen.

Ich habe inzwischen lange genug über Introversion nachgedacht, um nicht mehr schrecklich wütend zu sein. Gleichzeitig stehe ich nicht so über den Dingen, dass ich die Leute nicht mit eindeutigen Worten korrigieren würde, wenn sie versuchen, mir ihre Gedanken über Introversion anzuhängen – diese Ideen von schüchtern/ängstlich oder menschenhassend/misanthropisch. Nein, Herrschaften, so bin ich nicht und ich werde das nicht mehr hinnehmen.

Ich glaube nicht, dass sich irgendjemand Sorgen über einen blutigen Aufstand der Introvertierten machen muss. Das ist nicht unser Stil. Es wäre zu laut. Aber es ist nichts falsch daran, die Welt wissen zu lassen, dass wir Introvertierten an dieser ganzen einseitig extrovertierten Thematik arbeiten. Und wir werden nicht länger schweigen. Vielleicht still sein. Aber nicht stumm.

Gerade intensiv genug

Sind Sie schon einmal beschuldigt worden, »zu intensiv« zu sein? Klar, ich auch. Man hat mir auch vorgeworfen, beängstigend oder einschüchternd zu sein. Irgendwie verletzt das meine Gefühle.

Teilweise liegt es daran, dass Introvertierte nicht beiläufig lächeln. Unser vorgegebener Gesichtsausdruck ist eher ernst und undurchsichtig. Natürlich ist das Gelächel auf seine Art auch undurchsichtig, aber es ist die von der Gesellschaft bevorzugte Maske. Teilnahmslose Gesichter dagegen wirken abschreckend.

Unsere tatsächliche Intensität zeigt sich in der Regel in unseren Gesprächen und kann, wenn wir sie entfesseln, Extrovertierte vom Hocker hauen. Wir sind Menschen, die tatsächlich die Wahrheit sagen, wenn wir gefragt werden: »Wie geht es dir?« Unsere Fragen sind nicht beiläufig, sondern verlangen Nachdenken und Konzentration. Wir neigen zu Gesprächen, die einen längeren Augenkontakt verlangen, und wir gehen gerne in die Tiefe, manchmal zu anstrengenden Themen.

Manche Leute mögen das und tauchen sofort mit in die Tiefe ein. Andere weichen langsam zurück. Oder flüchten. Sie wissen vielleicht, wie das abläuft – plötzlich entdecken diese Gesprächspartner jemanden am anderen Ende des Raumes und mit einem Winken und einer eiligen Entschuldigung sind sie auf und davon. Das ist eine Möglichkeit, woran Sie merken, dass Sie etwas zu intensiv waren.

Aber was ist so schlimm daran, intensiv zu sein? Wir Introvertierte möchten tiefgründige Gedanken äußern, na und? Wir haben nun einmal solche Gedanken!

Um nur eine Sache zu nennen: Es wurde immer und immer wieder gesagt, dass Grübelei eine gute Möglichkeit sei, sich miserabel zu fühlen, und Introvertierte sind nun einmal Grübler. Zumindest sind wir Introvertierte Denker, und der Übergang vom Denken zum Grübeln ist fließend. Elaine Aron führt aus, dass das Bewusstsein für Feinheiten und die tiefe Verarbeitung von Informationen hochsensibler Menschen nicht immer zu ihrem Vorteil sind. Sie könnten ihre Probleme beim Arzt so detailliert beschreiben, äußerte sie, dass sie eher wie Hypochonder wirken würden und nicht wie Menschen mit einem legitimen Problem. Sie können sich neue düstere, verhängnisvolle und unglückliche Geschichten zu sehr zu Herzen nehmen. Und sie sagt, weil hochsensible Menschen bzw. Introvertierte so empfindlich auf scharfe Kommentare reagieren und weil Kritik sie so tief verletzen kann, formulieren sie anderen gegenüber die Dinge so freundlich, dass diese sie vielleicht gar nicht ernst nehmen.

Introvertierte hingegen nehmen ernst, was andere sagen. Ja, okay, die Leute müssen oft zu mir sagen: »War ja nur Spaß.« Mein Leben lang hat man mir vorgeworfen, »zu empfindlich« zu sein. Das hängt mir zum Halse raus, aber vielleicht liegt es einfach daran, dass ich zu empfindlich bin.

Die Intensität von uns Introvertierten ist ein Grund dafür, warum uns sinnloses Gequatsche unerträglich ist. »Ich hasse es total, oberflächlichem Small Talk zuzuhören, und vermeide das, wann immer es geht«, schäumte eine Introvertierte. »Ja, darin bin ich voreingenommen.« Das kann gesellschaftliche Situationen gelinde gesagt belastend machen.

Aber hierzu die gute Nachricht. Eine Studie hat herausgefunden, dass ein gehaltvolles Gespräch mehr zum allgemeinen Wohlbefinden beiträgt als Geschwätz. Die Wissenschaftler stellten fest, dass die glücklichsten Menschen weniger Zeit allein verbringen und sich länger unterhalten als weniger glückliche Menschen und dass sie mehr als doppelt so viele gehaltvolle Gespräche führen und nur ein Drittel so viel Small Talk wie die unglücklichsten Menschen. Und das durch die Bank. Sogar mürrische, pessimistische Leute waren bei einem substanziellen Gespräch glücklicher.

Natürlich wissen wir nicht, ob tiefe Gespräche für mehr Glück sorgen oder ob Glücklichsein zu mehr substanziellen Gesprächen führt. Möglicherweise ist es so, dass man, je vergnügter man ist, desto mehr Gespräche anzieht. Was uns wieder zu dem Punkt zurückbringt, dass wir Introvertierte nicht lächeln und eher einschüchternd aussehen.

Aber damit können wir leben. Wir Introvertierte mögen es nicht, mit einem Sprich-mich-an-Lächeln herumzugehen, und wir sind in großen Gruppen eher reserviert, aber wenn wir uns wohlfühlen, in einer kleinen Gruppe oder unter vier Augen, können wir lange Wohlfühlgespräche führen und haben eine Menge zu sagen. Manchmal, ehrlich gesagt, etwas zu viel. Wenn unsere Intensität in Richtung Selbstenthüllung geht, kann es dadurch zu einigen recht peinlichen mitteilsamen Gesprächen kommen. Leidenschaftliche Monologe über esoterische Themen funktionieren ebenfalls nicht sehr gut, auch wenn intensives Mitteilen von Gedanken in der Regel intensivem Sprechen darüber, wie sich Käse auf die Verdauung auswirkt oder wie die eigene Mutter einem das Leben praktisch ruiniert hat, vorzuziehen ist.

Manchmal ist es am besten, wenn man versucht, andere dazu zu bringen, sich intensiv über ihre Interessen auszulassen. »Gelegentlich beginne ich eine kleine Diskussion über irgendeine Formalität oder äußere eine beiläufige Meinung zu irgendeinem einfachen Thema, um eine tiefere Verbindung herzustellen und um von den anderen Leuten, die an dem Gespräch teilnehmen, eine gleichwertige Energie zu bekommen«, sagte ein introvertierter Mensch – und fügte hinzu, dass dies nicht immer funktioniert. »Manchmal stehe ich am Ende ziemlich frustriert da.«

Es ist nicht schlimm, intensiv zu sein. Es ist eine Leidenschaft. Es ist Tiefe. Es ist philosophisch. Es kann kraftvoll sein. Und wenn es manche Leute abschreckt, dann ist das Pech für sie. Andererseits müssen wir Introvertierten nicht immer, nicht überall und nicht mit jedem intensiv sein. Daher rate ich: Wählen Sie die Momente aus, wählen Sie Ihr Publikum und dann tauchen Sie so tief ein, wie es Ihnen gefällt.

Der langsame Gedankengang

Ich bin furchtbar schlecht in jedem Spiel, in dem es um Tempo geht. Meine Versuche bei Computerspielen, bei denen man auf sich schnell bewegende Objekte schießen muss, verwandeln sich in ein wildes und sinnloses Herumschlagen auf der Computertastatur. Mein Gehirn blockiert, meine feinmotorischen Fähigkeiten lassen mich im Stich. Das Spiel dauert Sekunden. Ich habe keine Chance.

Auch bei Spielen, bei denen man in einer gewissen Zeitspanne eine bestimmte Anzahl Wörter finden muss, bin ich nicht besser. Ich finde Wörter, aber andere finden mehr. Ich finde das dezent peinlich, da ich doch Autorin bin.

Wir Introvertierten sind in unserem Denken ziemlich trantütig. Das Getriebe in unseren Köpfen scheint langsam und schwerfällig zu arbeiten, bevor es einen Gedanken ausspuckt. Wenn wir uns konzentrieren, können wir unsere Aufmerksamkeit nicht einfach von einer Aufgabe auf eine andere verschieben. Wird ein introvertierter Mensch unterbrochen, während er mitten in einer Arbeit oder tief in Gedanken ist, blickt er auf, blinzelnd und ist taumelig, als habe man ihn aus dem Schlaf geweckt.

C.G. Jung hat als Erster geäußert, dass Introvertierte tiefgründige Denker seien. Eysenck beschrieb Introvertierte als phlegmatisch. Die Forschung hat festgestellt, dass Introvertierte eine niedrigere Schmerz- und Lärmschwelle haben, was der HSP-Theorie von Aron als einer Facette der Introversion Glaubwürdigkeit verleiht. Aron schaute sich Kernspinaufnahmen des Gehirns an und kam zu dem Schluss, dass manche von uns Introvertierten länger brauchen, um Informationen zu verarbeiten, weil unsere sensorischen Verarbeitungssysteme besonders empfindlich sind. Informationen, die wir aufnehmen, erzeugen in unserem Gehirn eine Menge Aktivität.

Dr. Robert Stelmack, der über die biologischen Grundlagen der Persönlichkeit forscht, stimmt zu, dass bei Introvertierten die sensorische Verarbeitung empfindlicher ist. Aus diesem Grund haben sie eine Abneigung gegenüber Menschenmengen, Lärm und starken Gerüchen, sagt er. Aber als ich Stelmack gegenüber meine Theorie äußerte – von der viele Introvertierte überzeugt sind –, dass Introvertierte langsamere Denker seien als Extrovertierte, zerriss er diese Theorie in der Luft. »Das Tempo der Kognition ist von der Intelligenz abhängig, nicht von der Persönlichkeit«, sagte er. »Und beide stehen in keiner starken Wechselbeziehung.«

Was er jedoch herausgefunden hat, ist, dass Introvertierte mehr Zeit brauchen, um einen Gedanken in die Tat umzusetzen. Auf Kernspinaufnahmen des Gehirns können die Forscher zwischen dem Moment unterscheiden, in dem das Gehirn eine Entscheidung trifft, und dem Moment, in dem es dem Körper sagt, er solle sich entsprechend bewegen. Und während Introvertierte und Extrovertierte gleich schnell darin waren, eine Entscheidung zu treffen, waren Extrovertierte schneller darin, eine Bewegung auch auszulösen. Dies scheint mit den Forschungsergebnissen von Aron übereinzustimmen; als hochsensible Menschen ein Foto anschauten, um Unterschiede zu einer vorher gesehenen Version herauszufinden, leuchteten überall in ihrem Gehirn Areale auf, was eine tiefe Verarbeitung der Information anzeigte. Während wir Introvertierten mit dem Denken also nicht langsamer beginnen, verarbeiten wir es tiefgründiger. (Auch hier gilt wieder, dass dies nicht notwendigerweise eine Sache der Introvertierten ist, sondern für hochsensible Menschen typisch ist. Zwischen beiden scheint es viele Überschneidungen zu geben, aber die Wissenschaftler ermitteln erst noch, inwiefern alle Teile zusammenpassen.)

Also sind wir vielleicht gar keine langsamen Denker. Vielmehr legt dieses Forschungsergebnis nahe, dass wir Zeit brauchen, um

Gedanken in Sprache umzusetzen. Und dass wir auch langsam darin sind, computergesteuerte Asteroiden abzuschießen. Stelmack sagt, dies sei auch der Grund dafür, warum mehr Extrovertierte als Introvertierte Sportler sind. Wenn, dann könnten sich sportliche Introvertierte eher zum Klettern hingezogen fühlen als zum Basketball.

Kein Wunder also, dass wir Introvertierte in Gesprächen so leicht niedergewalzt werden. Selbst wenn wir etwas beizutragen haben, kann der passende Moment im Gespräch vorüber sein, weil zwischen dem Moment, in dem wir den Gedanken haben, und dem Moment, in dem wir anfangen, ihn in Worte zu fassen, zu viel Zeit vergangen ist. Das kann frustrierend sein. Es ist natürlich nicht verkehrt zu sagen: »Um noch einmal auf den vorherigen Punkt zurückzukommen …«, aber das will man auch nicht ständig sagen müssen, um dem Gespräch zu folgen, nach dem Motto: »Wartet auf mich!«

Dennoch, unser Gehirn ist, wie es ist, und ich würde das tiefgründige Denken nicht gegen das Schnelldenken tauschen mögen. Wir Introvertierte handeln nicht nur langsam, sondern wir sind auch langsam darin, den ersten Gedanken, der uns in den Sinn kommt, in die Tat umzusetzen, das heißt auszusprechen. Mein Gehirn braucht länger, um zu reagieren, weil es die Dinge zuerst von allen Seiten betrachtet. Ich schaue sie mir erst so und dann so und dann wieder anders an, bevor ich entscheide, welchen Gedanken ich äußern will.

Also müssen wir Introvertierte unserem Gehirn diesen Raum geben, ihn akzeptieren und respektieren. Lassen Sie es die anderen wissen, wenn Sie eine Pause brauchen, um zu denken. Weigern Sie sich, von irgendjemandem zu hastigen Entscheidungen gezwungen zu werden. (»Lass mich darüber nachdenken und dann wieder auf dich zukommen.«) Wählen Sie Sportarten, die eher große Sorgfalt und Genauigkeit als schnelle Reaktionen verlangen. Und wenn Sie online spielen, bleiben Sie bei Scrabble.

Internal Flame – Die innere Flamme

Introvertierte mögen manch einem langweilig erscheinen, weil sie still und mit teilnahmslosem Gesichtsausdruck in einer Ecke sitzen und wenig reden. Wer jedoch sein Tempo herunterfährt, sich zu ihnen setzt und ihnen in die Augen schaut, kann sehen, dass ihre innere Flamme hell brennt und Wärme abgibt.

C.G. Jung schrieb über Introvertierte: »Von einem extrovertierten und rationalistischen Standpunkt aus betrachtet ist dieser Typus tatsächlich die nutzloseste Art von Menschen. Von einem höheren Standpunkt aus gesehen sind solche Menschen der lebendige Beweis für die Tatsache, dass die reiche und viel bewegte Welt und ihr überquellendes und berauschendes Leben nicht nur außen, sondern auch innen sind. Diese Menschen sind zugegebenermaßen von einseitiger Natur, jedoch sind sie ein Schulbeispiel für Menschen, die sich nicht von der intellektuellen Tagesmode blenden lassen. Auf ihre Art sind sie Erzieher und Förderer der Kultur. Ihr Leben lehrt mehr als ihre Worte … ihr Leben lehrt die andere Möglichkeit, das innere Leben, das in unserer Zivilisation so schmerzlich fehlt.«

Oh, Dr. Jung, Sie schmeicheln uns.

Ich will nicht mit Bestimmtheit sagen, dass Introvertierte klüger oder tiefsinniger oder spiritueller oder kreativer als Extrovertierte sind. Das wäre genau die Einstellung, die die Psychologin Nancy Reeves, Autorin des Buchs *Spiritualität für Extrovertierte,* dazu bringt, Introvertierte als »selbstgerecht« zu bezeichnen. Ich kann mit ihr nicht streiten. Ich müsste zuerst einen Beweis für die Überlegenheit von uns Introvertierten in diesen Dingen sehen, bevor ich eine so weitreichende Aussage machen könnte. Aber ich kann sagen, dass unser stilles Wasser tief ist und dass unsere äußere Ruhe häufig nur eine Maske ist, unter deren Oberfläche sich eine Menge abspielt.

Elaine Aron sagt, dass sensible Menschen eine blühende Vorstellungskraft und lebhafte Träume haben. Sie deutet an, bei uns könne die Grenze zwischen dem Bewussten und dem Unbewussten schmal sein, wir könnten mit einem Fuß in der realen Welt und mit dem anderen in der Welt in unseren Köpfen stehen. Wie so vieles an unserer inneren Geschäftigkeit ist dies zugleich Segen und Fluch.

Ich liebe meine lebhafte Vorstellungskraft, sie sorgt dafür, dass ich mich selten langweile und dass meine kreative Leistung, bei entsprechender Zeit und psychischem Raum, produktiv sein kann. Ein Buch oder Film mit fesselndem emotionalem Inhalt ist noch lange danach Öl für mein Feuer. Die Qualität eines Films bemesse ich tatsächlich daran, wie lange er in mir nachklingt, nachdem die Lichter wieder angegangen sind. Nährt er meine innere Flamme auch noch am nächsten Tag, geht mein Daumen nach oben. In Museen versuche ich nicht, viele Kunstwerke anzuschauen, sondern pro Abteilung nur ein oder zwei genau zu betrachten – und zwar diejenigen, die in mir eine kleine Fackel entzünden, die etwas Wärme erzeugen, wenn mein Blick auf sie fällt. Das zieht mich zu ihnen und lässt mich lange davor verweilen.

Meine innere Flamme wird durch natürliche oder vom Menschen gemachte Schönheit entzündet. Die Äste eines Baums, die sich vor dem Himmel abzeichnen, Amseln auf einer winterlichen Wiese, ein Kirchturm im Sonnenuntergang – solche Dinge schüren mein Feuer. Mein Mann stellte kürzlich fest, als wir auf einem Aussichtsplatz in Oregon standen und den Pazifik betrachteten, der sich an den Felsen brach, dass Orte von großer Naturschönheit ein gewaltiges »albernes Grinsen« auf mein Gesicht zaubern. Ich werde dann von Freude entflammt.

So wie Sauerstoff eine Flamme nähren kann, kann starker Wind sie jedoch auch auslöschen. Ich kann ein überfülltes Museum nicht ertragen. Ich halte es nur ein paar Minuten in Geschäften wie Abercrombie & Fitch aus, bis mich die laute Musik und die optischen Stimulationen durchdrehen lassen und mich vertreiben. Filme mit viel Geballer und Action sind für mich nicht nur langweilig (Wo ist die Tiefe? Wo sind Gefühle?), sondern können schmerzhaft überwältigend wirken. Ich kann nicht schreiben, wenn Musik läuft. Ich kann tatsächlich nicht schreiben, wenn irgendetwas um mich herum geschieht. Mein Mann kann nicht verstehen, warum ich aufhöre zu arbeiten, sobald er nach Hause kommt. Aber meine innere Flamme gerät ins Flackern, wenn nur der geringste Lufthauch von außen auf sie trifft. Sie lodert heiß, wenn sie geschützt ist, reagiert jedoch empfindlich auf äußere Störungen.

Und so sollten wir Introvertierten lernen, unsere innere Flamme zu hüten, die Tür zu unserem Arbeitszimmer zu schließen, wenn wir sie besonders hell lodernd brauchen, sie mit gehaltvollen Gesprächen und bedeutungsvollen Filmen, Büchern und Kunstwerken nähren und, so weit es geht, Situationen vermeiden, die sie überwältigen könnten.

Wenn unsere innere Flamme die Chance bekommt, entfacht sie unsere Gespräche und entzündet unsere kreative Leistung. Es ist die Wärme unserer Leidenschaft, die tatsächlich sehr heiß werden kann, wenn sie Raum und geeignete Nahrung erhält. Wird unsere innere Flamme angemessen geschützt, erhellt sie nicht nur unser Leben, sondern auch das der Menschen um uns herum, wenn diese sich die Zeit nehmen, sie wahrzunehmen.

Was Stille aussagt

Eine Gefahr des Stillseins liegt darin, dass andere Leute dieses Schweigen mit ihren eigenen Interpretationen füllen können: Sie denken, dass Introvertierte, wenn oder weil sie schweigen, langweilig, depressiv, schüchtern, arrogant oder voreingenommen sind, oder sie glauben, sie haben nichts zu sagen.

So wie Wissenschaftler die Introversion als eine Leere wahrnehmen, betrachtet die Gesellschaft die Ruhe von uns Introvertierten wie ein Loch, das mit Vermutungen gefüllt werden muss. Die Natur verabscheut ein Vakuum, und wenn andere Leute nicht in uns lesen können, schreiben sie ihre eigene Geschichte über uns – und die ist nicht immer so, wie wir sie aussuchen würden, oder stimmt nicht mit dem überein, wie wir sind.

»[M]eine beste Freundin ... ist extrem extrovertiert und fasst mein Schweigen und meine Distanz immer als Anzeichen dafür auf, dass ich versuche, sie ›abzuservieren‹«, ärgerte sich eine Introvertierte.

Eine andere erklärte: »Ich glaube, ich spreche für alle Introvertierten, wenn ich sage, dass ihr, wenn ihr alle Gedanken hören könntet, die einem Introvertierten zu jedem beliebigen Zeitpunkt durch den Kopf gehen, das Gefühl hättet, als würde euch jemand das Ohr abkauen.«

Was Extrovertierte wollen, ist offensichtlich: Sie wünschen sich Kontakt, möchten gehört werden, möchten möglichst viele Beziehungen. Es ist für andere Menschen einfach, darauf zu reagieren. Extrovertierte werden genau mit dem belohnt, wonach sie sich sehnen. Wir Introvertierte senden in der Öffentlichkeit hingegen zweideutige Signale aus, und das macht einige Leute nervös. Sie möchten uns das geben, was wir uns wünschen, wissen jedoch nicht, was das ist. Wissen wir es denn?

Manchmal möchten wir Introvertierten zu Hause bleiben, aber nicht immer. Wir haben soziale Bedürfnisse. Wir lehnen die Gesellschaft anderer nicht ab. (Normalerweise. Es sind auch einige absolut ungehobelte Introvertierte unterwegs. Ich ziehe es jedoch vor, Menschenhass nicht mit Introversion gleichzusetzen.) Wir können uns jedoch selbst davon überzeugen, dass wir andere Menschen nicht brauchen. Das ist vielleicht eine Art Selbstschutz, der sich entwickelt hat, weil bereits seit unseren Kindertagen die Extrovertierten immer mehr Aufmerksamkeit auf sich gezogen haben. Schließlich gibt man es auf, sich nach etwas zu sehnen, was man nicht bekommen kann.

Wir können eine kratzbürstige Abwehr entwickeln, um uns vor den Angriffen von Extrovertierten zu schützen, die entschlossen sind, unsere Grenzen einzureißen. Oder wir ziehen uns hinter eine undurchdringliche Mauer aus höflichem Lächeln zurück, wenn wir uns abmelden müssen, aber nicht unhöflich sein wollen. Beides lässt uns unzugänglich wirken.

Es gibt einen Grund dafür, warum die Welt Extrovertierte mit offenen Armen aufnimmt, während sie um Introvertierte einen vorsichtigen Bogen macht. Diejenigen, die mit uns Introvertierten Kontakt aufnehmen möchten, versuchen zuerst, anhand unserer unausgesprochenen Hinweise zu bestimmen, was wir brauchen. Schmeichelei? Ermunterung? Wollen wir von unserem hohen Ross heruntergestoßen werden? Entsprechend handeln sie anschließend, was, falls es nicht unseren Bedürfnissen entspricht, ärgerlich oder schmerzlich sein kann. Zumindest wirft es die ganze Interaktion über den Haufen.

Das ist nicht gut. Sicherlich gibt es einen Mittelweg, bei dem wir unsere Ruhezone haben können, ohne uns Unterstellungen hinsichtlich unserer Natur gefallen lassen zu müssen. Ich möchte hier nicht diejenigen verteidigen, die verletzende oder negative Vermutungen über uns anstellen, jedoch müssen wir anderen Menschen auch das »Im Zweifel für den Angeklagten« zugestehen. Wie Touristen, die eine fremde Sprache radebrechen, versuchen viele Extrovertierte, mit uns zu kommunizieren, kennen aber einfach die Sprache nicht. Kein Grund, in diesem Fall päpstlicher als der Papst zu sein und die Augen zu verdrehen, solange es gut gemeint ist. Stellt man Ihnen als Introvertierten eine Frage (»Sind Sie verärgert? Langweilen Sie sich?«), antworten Sie einfach freundlich und mit einer kleinen Erklärung. (»Keine Sorge, ich amüsiere mich auf meine stille Art ausgezeichnet.«)

Wenn Sie sehr häufig falsch interpretiert werden, sollten Sie vielleicht einmal darüber nachdenken, was Ihre Stille den Leuten sagt. Versuchen Sie, wenn Sie still sitzen, zu analysieren, welche Art Ruhe Sie empfinden. Die »Lasst-mich-allein«-Ruhe unterscheidet sich von der »Ich-bin-in-meine-Gedanken-versunken«-Ruhe, diese ist wiederum anders als die »Ich-habe-Freude-am-Beobachten«-Ruhe, die sich von der »Ich-bin-völlig-überfordert-holt-mich-hier-raus«-Ruhe auch wieder unterscheidet.

Sobald Sie ein Gefühl dafür haben, was Sie nach außen vermitteln möchten, betrachten Sie Ihre Körpersprache. Vielleicht entspricht diese von sich aus dem, was Sie mitteilen möchten, sobald Sie erkannt haben, was es ist. Vielleicht müssen Sie diese aber auch üben: So sehe ich aus, wenn ich mit Freude die Szene beobachte; so sehe ich aus, wenn ich in Ruhe gelassen werden möchte; so sehe ich aus, wenn ich für ein Gespräch offen bin. Wenn Sie mit verschränkten Armen und übergeschlagenen Beinen dasitzen, wirken Sie auf andere Menschen vielleicht verschlossen, vielleicht sogar arrogant. Wenn Sie sich zurücklehnen, weg von der Gruppe, während sich alle anderen nach vorne beugen, senden Sie vielleicht eine zurückweisende Botschaft aus. Und während keine Notwendigkeit besteht, ständig ein Grinsen auf dem Gesicht zu tragen, können Sie Ihren Gesichtsausdruck hin und wieder prüfen, um sicherzustellen, dass Sie nicht finster dreinblicken.

Die Botschaft wird natürlich subtil sein. Wie alles, was mit Introversion zu tun hat. Um jedoch behaglich in den stillen Nischen einer lauten Welt leben zu können, müssen wir Introvertierten unseren eigenen Luftraum kontrollieren, und hierzu müssen wir verstehen, dass auch Stille etwas aussagt. Wir müssen sicherstellen, dass sie keine falschen Botschaften aussendet.

Die fruchtbare Leere

Kreativität findet statt, wenn der Geist still und aufnahmebereit ist. Das ist die fruchtbare Leere, in der wir der Fantasie Raum lassen. Das Leben Introvertierter spielt sich immer zur Hälfte dort ab.

Es wurden Argumente für die höhere Kreativität Introvertierter vorgebracht. Der Existenzialpsychologe Rollo May, Autor von *Der Mut zur Kreativität*, sagte, dass »echte Kreativität durch eine Intensität der Wahrnehmung, durch ein höheres Bewusstsein gekennzeichnet ist«. Nach dieser Definition können Introvertierte – mit der erhöhten Wahrnehmung ihrer Umwelt – vielleicht Anspruch auf höhere Stufen der Kreativität erheben. Und ich möchte gerne glauben, dass Introvertierte in jeder Weise überlegen sind, aber ich weiß es nicht. Das ist schrecklich schwierig zu beweisen, und dabei ist mir empirische Evidenz total wichtig.

Sicherlich haben auch Extrovertierte Zugang zu diesem höheren Bewusstsein. Ich kenne zumindest eine Extrovertierte, die unbändig kreativ ist und diese kreative Energie für extrovertierte Aufgaben einsetzt wie Themenpartys und Halloween-Kostüme. Und wo platzieren wir Mozart, der überaus kreativ, produktiv und zugleich ein auffallender Partyboy war? Vielleicht beruhte ein Teil seines Genies auf der Tatsache, dass er Zugang zu beidem in sich hatte, zum Introvertierten und zum Extrovertierten. Einer meiner persönlichen kreativen Helden, George Harrison, liebte es, Leute um sich herum zu haben, gleichzeitig hatte er auch etwas von einem Windhund. Er liebte die Frauen, die seine Liebe erwiderten.

Nein, ich bin nicht sicher, dass Introvertierte die Kreativität exklusiv für sich beanspruchen können. Dennoch scheinen wir Introvertierten leichten Zugang zu diesem Ort der hohen Wahrnehmung zu haben, und unsere Abneigung gegenüber der geschäftigen, sprudelnden Welt versetzt uns in die Lage, leicht in die fruchtbare Leere zu fallen.

Der Psychologe Mihály Csíkszentmihályi ist der Vater des richtungsweisenden Begriffs »Flow«. Dieser bezeichnet den Zustand, den wir (an einem guten Tag) erreichen können, wenn wir voll und ganz in einer Aufgabe aufgehen. Zeit wird bedeutungslos, wir vergessen uns selbst, haben eine große innere Klarheit und tun diese Arbeit um ihrer selbst willen, nicht im Interesse einer Belohnung. Um seine Theorie zu entwickeln, untersuchte Csíkszentmihályi, wie kreative Menschen arbeiten. Flow verlangt, wie die Introversion, einen inneren Fokus. In gewisser Weise scheinen Introvertierte immer zur Hälfte im Flow zu leben. Er ist für uns Introvertierte, in unserer idealen Umgebung, vielleicht leichter zu erreichen. Da wir auf äußere Reize so empfindlich reagieren, können wir natürlich durch jede äußere Störung auch leicht aus dem Flow gedrängt werden, sozusagen eine »Kreativität interrupta«.

Ich fragte Dr. Csíkszentmihályi, ob es Untersuchungen dazu gebe, ob Introversion und Extroversion irgendeinen Einfluss auf die Fähigkeit haben, den Flow zu erreichen und aufrechtzuerhalten. Er antwortete, es gebe keine entsprechenden Untersuchungen, fuhr jedoch fort: »Ich denke, dass beide, Introvertierte wie Extrovertierte, in den Flow kommen können, aber auf unterschiedliche Weise – die ersten von selbst durch Gedankenspiele und die zweiten im Austausch von Ideen oder in der Zusammenarbeit mit anderen. Manche Menschen scheinen in der Lage zu sein, in einem bestimmten Stadium ihrer Arbeit extrovertiert zu sein, die Interaktion zu genießen und sich dann auf ein Problem zu konzentrieren und wochenlang mit Freude alleine daran zu arbeiten.«

Die Introversions-Theoretikerin Jennifer Grimes ist der Meinung, wenn nicht jeder in sich Ebbe und Flut von Introversion und Extroversion hätte, würde niemals etwas getan. »Wenn Sie in Gedanken etwas planen und vorhaben, es umzusetzen, könnte man behaupten, dies sei Introversion. Aber wenn Sie anschließend nicht handeln und die Energie nach außen kanalisieren, haben Sie überhaupt nichts geschafft.«

Während Reden und Tun für eine Leistung häufig wesentlich sind, können Sie nichts tun, solange Sie nicht entschieden haben, was Sie tun wollen, und da kommt die Tiefenverarbeitung ins Spiel. Reden und Tun folgen normalerweise nach der geleisteten Denkarbeit. Das Reden ist in gewisser Weise der vordergründige Teil der Kommunikation. Denken ist eine stille und einsame Aufgabe (auch wenn man nicht allein dabei ist), bei der eine Menge passiert. Beobachten, denken und schöpferisch tätig sein und manchmal auch einfach den Geist zu Tagträumen abdriften lassen, sind Zeiten, in denen unser Gehirn auf entspannte Wahrnehmung schaltet. Und in diesem stillen inneren Raum können glanzvolle Ideen entstehen.

Selbst wenn Ideen in der Interaktion ihren Ursprung haben – viele Leute werden durch die Zusammenarbeit angeregt, und Untersuchungen zeigen, dass Interaktion und glückliche Zufälle ein Treibstoff für die Innovation sind –, ist es normalerweise nötig, dass man zumindest etwas Zeit mit den eigenen Gedanken verbringt und die Dinge ausarbeitet, um eine erste Idee reifen zu lassen.

Ich bin auf langen Autofahrten besonders kreativ, allein oder mit meinem Mann, sobald die Straße uns in Schweigen eingelullt hat. Eine Autofahrt gewährt mir einige Stunden in der Leere zwischen zwei Orten, in der ich still und der familiären Umgebung fern bin, wo es mir freisteht, nichts anderes zu tun, als die Straße und die Landschaft zu betrachten. In diesem beschaulichen Raum schleichen sich alle Ideen heran, die sich in die hintersten Winkel meines Geistes zurückgezogen haben – die kleinen, erst halb herausgebildeten Ideen. Sie sind schüchtern, durch die fehlende Konkurrenz in meinem Gehirn jedoch ermutigt. In der fruchtbaren Leere wird das Flüstern einer Idee hörbar, und der kleinste Setzling kann Wurzeln bilden und wachsen.

Auch in der Abgeschiedenheit findet viel Kreatives statt. Bücher werden von Menschen geschrieben, die sich allein in ihr Arbeitszimmer eingeschlossen haben. (Der Entstehung von Büchern war vielleicht nichts abträglicher als das Internet. Man ist nie mehr völlig allein. Als wenn das Schreiben nicht schon genug Disziplin verlangen würde, verfügen wir nun über sehr viel mehr interessante Möglichkeiten, Dinge auf die lange Bank zu schieben, als nur den Kühlschrank zu putzen oder Schmutz aus der Tastatur zu schütteln.)

Malen kann geselliger sein; das Malen eines Porträts mit einem echten Modell ist in jeder Hinsicht intim, auch abgesehen von den Techtelmechteln, die sich im Lauf der Geschichte in Künstlerateliers abgespielt haben. Wie auch immer jedoch die Beziehung zwischen Künstler und Modell sein mag, sobald der Künstler den Pinsel auf die Leinwand setzt, betritt er die fruchtbare Leere, in der nichts anderes zählt als Licht, Farbe und Form. Malen ist eine stille Aufgabe, die absolute Konzentration verlangt. Wenn Sie einmal eine Gruppe von Freiluftmalern beobachten, werden Sie sehen, dass diese zwar vielleicht nah beieinander sitzen, aber schweigen, jeder kommuniziert nur mit seiner inneren Muse.

Im Schlaf, dem introvertiertesten Zustand jedes Menschen, ist das Gehirn voll und ganz seinen eigenen Mitteln überlassen. Viele bemerkenswerte kreative Lösungen sind den Menschen im Traum eingefallen: Auf die Flaggenmalerei, die seine Karriere veränderte, kam Jasper Johns durch einen Traum. Dasselbe gilt für die Melodie des klassischen Songs »Yesterday« von Paul McCartney und für ein Experiment, das 1936 zum Nobelpreis für Medizin führte.

Der stille Raum, in dem Introvertierte viel von ihrer Zeit verbringen, ist ein natürlicher Brutkasten für Kunst und Ideen. Aber auch hier stellt sich wieder die Frage: Wenn Introvertierte große Kunst erschaffen, aber nie aus sich herausgehen, um diese zu teilen, beeinträchtigt dies den Wert ihrer Kreativität? Ist eine spektakuläre Stimme, die nur unter der Dusche erklingt, ebenso wertvoll wie eine Stimme, der Tausende lauschen? Oder Hunderte? Oder auch nur fünf?

Ich weiß die Antwort nicht, aber diese Fragen lohnen es, bedacht zu werden. Die Tatsache, dass wir Introvertierten in der fruchtbaren Leere leben, unterstützt vielleicht die Auffassung, dass wir besonders empfänglich dafür sind, unsere Kreativität zu erkunden. Diese fruchtbare Leere steht jedoch jedem offen, der sich die Zeit nimmt, sie zu finden. Wichtiger könnte die Frage sein, was geschieht, nachdem der Grundstein gelegt wurde.

Einfach gerne beobachten

Streng genommen bezeichnet das französische Wort »flâneur« jemanden, der bummelt oder schlendert. Der Dichter Charles Baudelaire verlieh ihm jedoch seine ganz eigene Bedeutung.

»Die Menschenmenge ist sein Element«, schrieb er 1863, »wie es die Luft für den Vogel und das Wasser für den Fisch ist. Seine Leidenschaft und sein Metier sind es, mit der Menge eins zu werden. Für den perfekten Flaneur, für den passionierten Zuschauer ist es eine Riesenfreude, sich im Herzen der Menge niederzulassen, inmitten der Ebbe und Flut der Bewegung, mitten im Flüchtigen und Unendlichen. Um fort zu sein von zu Hause und sich doch überall daheim zu fühlen; um die Welt zu sehen, im Zentrum der Welt zu sein und doch vor der Welt verborgen zu bleiben – unvoreingenommene Naturen, die man mit Worten nur unbeholfen definieren kann. Dieser Zuschauer ist ein Prinz, der inkognito überall glücklich ist.«

Ich lernte den Begriff durch Dr. Laurie Helgoe kennen, Autorin von *Introvert Power,* und kann mir keine bessere Beschreibung für eine der größten Freuden eines Introvertierten vorstellen: sitzen und beobachten.

Ich bin ein Flaneur. Viele meiner besten Momente auf Reisen hatte ich, wenn ich sitzen und beobachten konnte. In New York verbringe ich viele Stunden im Central Park, ziehe von einer Bank zur nächsten, um die jeweilige Szenerie zu beobachten. Dasselbe – allein sitzen – tat ich in der langen Sommersonne im Vigeland-Skulpturenpark in Oslo. In Venedig kehrten mein Mann und ich mehrmals an einen Cafétisch unter einem riesigen Baum zurück, verbrachten dort Stunden bei Snacks und kalten Getränken und beobachteten die Venezianer, die ihren Geschäften nachgingen. In Rom landeten meine Nichte und ich jeden Tag mit einem Eis auf einem Lieblingsplatz außerhalb des Pantheons. Sitzen, essen, beobachten. Gespräch optional.

Sitzen und beobachten ist für die hochsensible sensorische Wahrnehmung Introvertierter ein vollendetes Fest. Wir nehmen alles auf … wie die Leute gehen, wie sie angezogen sind, Schnipsel ihrer Gespräche. Wir nehmen uns die Zeit, auf Gerüche zu achten. Ich beobachte gerne die Änderung der Lichtverhältnisse, wenn sich der Nachmittag neigt. Ich versuche mir das Zuhause vorzustellen, zu dem die Leute am Ende des Tages mit gesenkten Köpfen hasten.

Einige extrovertierte Reisende bestehen darauf, die einzige Art, einen Ort kennenzulernen, sei, Hände zu schütteln und Freundschaften zu schließen. Introvertierte stimmen dem nicht zu. Wir lernen Orte anders kennen. Wenn Sie zwei Stunden damit verbringen, Einheimische zu Hause zu besuchen, bekommen Sie einen intimen Einblick in deren Leben. Wenn Sie zwei Stunden damit verbringen, mit Einheimischen in einer Kneipe zu plaudern, erhaschen Sie einen kurzen Blick in einen anderen Mikrokosmos. Aber setzen Sie sich ein paar Stunden lang im Zentrum einer Stadt irgendwo hin, so sehen Sie die Ebbe und Flut des Lebens an einem Ort. Sie sehen Reiche und Arme, Junge und Alte. Sie sehen, was die Leute kaufen und was sie essen. Sie können sehen, wie Familien miteinander umgehen. Sie sehen, wie die Leute sich zur Arbeit anziehen und wie in der Freizeit. Sie erkennen lokale Trends. Sie können eine Menge lernen, wenn Sie sich mit empfangsbereiten Sinnen einfach nur hinsetzen.

Dabei sind wir Introvertierten nicht nur auf Reisen Flaneure. Wir sind es auch gerne auf Partys. Wenn wir die Art von Gesprächen nicht finden, die wir mögen, oder wenn wir zwischen zwei Gesprächen sitzen, sind wir absolut zufrieden damit, zu sitzen und die Leute um uns herum beim Partyfeiern zu beobachten.

Extrovertierte versuchen häufig, Introvertierte mitten ins Geschehen zu ziehen in der Annahme, dass dort der Spaß so richtig abgeht. Wir tun ihnen aufrichtig leid, wie wir da am Rand sitzen und uns vermeintlich vernachlässigt und einsam fühlen. Oder sie sehen uns und denken *Lusche* und schreiben uns ab oder necken uns. Oder sie ignorieren uns einfach, was von diesen drei Optionen die von uns bevorzugte ist.

Denn wir sind wirklich total zufrieden. Mag sein, dass wir manchmal etwas befangen sind wegen des Makels und der Mutmaßungen, warum wir auf einer Party irgendwo am Rand sitzen, aber wir langweilen uns nicht und sind auch nicht unglücklich. Wir fühlen uns auf unsere Art gut unterhalten. (Und wenn wir uns nicht mehr gut unterhalten fühlen, suchen wir entweder ein Gespräch oder gehen nach Hause. Wir sind nämlich erwachsen.)

Introvertierte bezeugen mit Vergnügen die Heldentaten Extrovertierter. Ein Introvertierter sagte: »Ich beobachte so gerne Leute, und Extrovertierte sind bei Weitem am vergnüglichsten zu beobachten, daher war ich immer froh, welche um mich zu haben.« Wir Introvertierten beobachten nicht, weil wir uns danach sehnen, an dem Spaß teilzuhaben. Wir beobachten, weil *das* der Spaß *ist.*

Wir sitzen gerne allein in einem Restaurant, häufig mit einem Buch, aber nur zur Abschreckung gegen mitleidige Blicke oder Leute, die sich mit uns unterhalten möchten. Wir sind in Flughäfen nicht ungeduldig, denn sie sind so etwas wie Bienenstöcke menschlicher Aktivität. Introvertierte, die nicht ängstlich sind, reisen gerne allein; einige reisen überhaupt nur allein. »Ich bin eine so introvertierte Reisende, dass ich es sogar so einrichte, dass mein Freund und ich getrennt Urlaub machen«, sagte mir eine Introvertierte. »Nicht immer, aber oft, weil er als ehemaliger Journalist gerne Gespräche mit Leuten anfängt und ihnen Fragen über ihr Leben und alles Mögliche stellt.«

Ja, das brauchen wir nicht.

Ich vermute, Sie könnten nun sagen, dass wir reine Zuschauer des Lebens sind, aber das klingt so abwertend. Wir sind nicht passiv, wir sind auf unsere Art engagiert. Das ist eine Kunstform, eine Lebensart. Wir sind Flaneure im Zentrum der Welt und doch verborgen.

Energie – nach innen oder außen gerichtet

Was wir über Introversion »wissen«, ist mehr Theorie als Tatsache. C.G. Jung sprach von der nach innen gerichteten Energie gegenüber der nach außen gerichteten Energie, und diese Aussage unterstützen wir Introvertierten. Sie fühlt sich richtig an. Wir wissen intuitiv, wovon er spricht.

Aber was bedeutet es tatsächlich?

Was genau ist psychische Energie? Kann sie wissenschaftlich gemessen werden, sodass wir nachprüfen können, ob sie bei Introvertierten und Extrovertierten tatsächlich in verschiedene Richtungen gelenkt wird? Und wie können wir die Wirkungen einer Umleitung unserer psychischen Energie messen? Was ermüdet in einem Introvertierten, wenn er sich wie ein Extrovertierter benehmen muss?

Auf keine dieser Fragen wissen wir eine Antwort. Noch nicht. Vielleicht werden bildgebende Untersuchungen des Gehirns irgendwann in der Zukunft eine Möglichkeit finden, dies zu visualisieren und zu quantifizieren. Bis dahin bleibt dies jedoch im anekdotischen Bereich.

Dennoch lohnt es sich, darüber nachzudenken. Vier Milliarden Introvertierte (plus/minus) können nicht falsch liegen. Wir wissen, wie es sich anfühlt, wenn unsere Energie durch zu viel Interaktion erschöpft ist. Bei mir fühlt es sich an, als sei mein Gehirn müde, fast so wie ein ermüdeter Muskel. Je erschöpfter meine psychische Energie ist, desto langsamer kommen meine Gedanken, desto schwieriger ist es, vollständige Sätze zu sprechen oder mich auf das zu konzentrieren, was um mich herum vorgeht. Meine Sinne werden sogar noch empfindlicher, Lärm und Rummel empfinde ich als noch erdrückender. Und ich werde angespannt, gereizt, unleidlich. Dann weiß ich, dass ich aufhören, mich setzen muss, damit sich mein Gehirn entspannen und sinnbildlich seine Füße hochlegen kann.

Wir Introvertierten wissen also, dass wir unsere psychische Energie einteilen müssen, was auch immer sie sein mag. Manchmal bedeutet es, eine Einladung abzulehnen, manchmal bedeutet es, sich in Situationen physisch oder mental »abzumelden«, in denen wir merken, dass wir zu erschlaffen beginnen. Auf das Kommen und Gehen der eigenen Energie zu achten und sie entsprechend einzuteilen, Aktivitäten danach auszuwählen, ob reichlich Energie vorhanden ist oder diese wieder aufgefüllt werden muss, bringt das Leben ins Gleichgewicht. Das trägt auch dazu bei, dass man als Introvertierter mehr Spaß hat, wenn man weiß, wann es Zeit ist zu gehen und wann es Zeit ist aufzuhören.

Ein Beispiel: Ich nahm an einer viertägigen Vogelbeobachtung teil. Sie brachte viele Interaktionen mit sich und hatte ein straffes Programm. Versuchsweise beschloss ich, mich zu keiner Abendveranstaltung anzumelden, weil ich wusste, dass ich am Ende eines Tages voller Interaktionen wie ausgequetscht sein würde. Ich war etwas hin- und hergerissen – würde ich etwas verpassen? Aber ich musste »ich« sein, also nahm ich tagsüber an den Gruppenaktivitäten teil und zog mich abends in die Abgeschiedenheit zurück.

Das Experiment war ein Riesenerfolg. Ich schloss an diesem Wochenende einige neue, bleibende Freundschaften, denn wenn ich mit den Leuten zusammen war, war ich in bester Form. Es war nicht nötig, mich in meinen Kopf zu flüchten. Ich bekam, was ich brauchte, indem ich mich jeden Abend in meinem Hotelzimmer verkroch. Während der Tagesaktivitäten hatte ich so viel Spaß, dass es sich nicht einmal anfühlte wie eine Zirkusshow. Es war einfach Spaß, ohne Einschränkungen.

Dazu trug auch bei, dass es *meine* Art Spaß (im Freien) mit *meiner* Art von Leuten (Vogelfreunde) war. Die Kognitionswissenschaftlerin Jennifer Grimes stellte die Theorie auf, das wahre Problem sei nicht, wie viel Energie wir in einer Situation verbrauchen, sondern ob die von uns investierte Energie einen angemessenen Ertrag abwirft – wie es bei mir während der Vogelbeobachtung der Fall war. (Anmerkung: Ich bin keine echte Vogelbeobachterin. Ich bin nur gerne in Gesellschaft von Vogelbeobachtern und lerne gerne etwas über Vögel.)

»Sie werden feststellen, dass es einen Unterschied der Erschöpfungsgrade gibt, je nachdem, mit wem wir zusammen sind«, sagte Grimes zu mir. »Es gibt Menschen, die gerne viel Energie investieren und viel zurückbekommen. Andere investieren nicht gerne viel und erwarten auch nicht viel zurück. Den Leuten, die in der Pop-Literatur als extrovertiert gelten, solchen Menschen, die sozusagen von einem sozialen Kontakt zum nächsten flattern, reicht das aus, was sie so auf zwischenmenschlichem Gebiet zurückbekommen.«

Diejenigen unter uns, die mit rein geselligen Beziehungen nicht zufrieden sind, investieren viel Energie in soziale Situationen und brauchen mehr Rücklauf. Für uns ist die oberflächliche Interaktion ermüdend und erschöpfend. Sie verbraucht Energie, füllt die Quelle jedoch nicht mit neuer Energie wieder auf. Lange, nachdenkliche Gespräche kosten auch Energie, aber sie machen den Energiespeicher zugleich wieder voll. Die Leute, die mit mir auf der Wochenendveranstaltung waren, waren Fachleute auf ihrem Gebiet und hatten viel Interessantes zu sagen. Nach einem mit ihnen verbrachten Tag fühlte ich mich deutlich energiegeladener, als wenn ich den Tag auf einem Partyboot mit einem Haufen Leute verbracht hätte. Das erklärt auch, warum ich ein stundenlanges intensives Gespräch auf einer Party führen und mich aufgedreht fühlen kann, während mich fünfzehn Minuten oberflächliches Geplapper auslaugen.

»Wenn das, was Sie einbringen, mit dem, was Sie zurückbekommen, in keinem guten Verhältnis steht, besteht eine Unstimmigkeit«, sagt Grimes. Diese Unstimmigkeit ist anstrengend.

Und diese Anstrengung beruht anscheinend auf Gegenseitigkeit. Vielen von uns Introvertierten wurde schon vorgeworfen, »zu intensiv« zu sein. Unsere Intensität kann für Extrovertierte, die nicht so viel in Interaktionen investieren, aber auch nicht so viel davon erwarten, ebenfalls anstrengend sein. Für Extrovertierte kann sich unsere Intensität wie ein Druck anfühlen, weiter in die Tiefe zu gehen, als es ihnen angenehm ist, und auf eine Weise, die ihre Energie erschöpft.

Einige Kombinationen von nach innen oder außen gerichteten Energiebedürfnissen sind nicht kompatibel. Menschen, die nicht viel investieren, aber viel zurückbekommen wollen, wirken aussaugend. Sie sind emotionale Vampire. Und Menschen, die viel investieren, aber nichts aufnehmen wollen, sind diejenigen, die einen auf Partys in eine Ecke drängen und einem mit allen quälenden Details die komplette Geschichte ihres Lebens erzählen.

Die Gleichung von der nach innen und der nach außen gerichteten Energie ist eine unvollkommene Wissenschaft, wenn es denn überhaupt eine Wissenschaft ist. Dennoch ist sie ein nützliches Gedankenspiel, um zu entscheiden, wo und wie Sie Ihre Energie investieren möchten. Manchmal müssen Sie auch überlegen: Was bringt es mir?

Introvertiert oder einfach eine Zicke?

»Wir wussten ja nicht, dass du introvertiert bist, wir dachten, du wärst einfach eine Zicke«, sagte der Bruder einer Introvertierten, als sie ihrer Familie eines Tages beim Abendessen die Introversion zu erklären versuchte.

Das ist gar nicht so unfreundlich, wie es klingt – wirklich. Es beruht auf einem Körnchen Wahrheit, auch wenn ich das Wort »zickig« (Verhalten) dem Wort »Zicke« (Charaktertyp) vorziehe. Aber es stimmt schon, Introvertierte können manchmal zickig oder unverschämt wirken. Wir Introvertierten können kaum anders. Wir sind nicht unbedingt von Natur aus so und werden es nicht grundlos. Aber wir können zugegebenermaßen zickig werden, wenn unsere Energie allmählich flöten geht. Und wir können sogar sehr zickig werden, wenn wir versuchen, unseren Energiemangel außer Acht zu lassen, um die Erwartungen Extrovertierter zu erfüllen. Diese Zickigkeit kann ganz plötzlich über uns kommen. Es geht uns gut, es geht uns gut, es geht uns gut, wir sind okay, wir sind noch halbwegs okay, wir sind erschöpft, wir sind wirklich sehr erschöpft, *bumm*, wir sind zickig.

Die mit Abstand wichtigste Fertigkeit Introvertierter besteht darin, mit ihrer Energie gut hauszuhalten.

Die meisten von uns Introvertierten möchten sich vor dem Leben nicht verstecken, und wir lassen uns gerne auf die Welt ein. Wenn wir jedoch unsere Energie nicht einteilen können, sind wir schnell erschöpft. Und wenn wir erschöpft sind, kommt es zu Zickigkeiten. Das richtige Einteilen unserer Energie kann uns helfen, soziale Interaktionen mehr zu genießen. Wenn wir lernen, gesellschaftliche Events so zu managen, dass sie uns nicht völlig auslaugen, können wir ihnen mit Freude anstatt mit Furcht entgegensehen. Wenn wir uns wohl dabei fühlen, Einladungen auch einmal abzulehnen, können wir uns auch wohler dabei fühlen, Einladungen anzunehmen. Und wenn wir lernen zu gehen, sobald wir merken, dass unsere Energie schwindet, können wir uns viel mehr darauf konzentrieren, uns von unserer angenehmsten Seite zu zeigen, solange wir die Energie noch haben.

Der erste Schritt ist natürlich, dass wir uns selbst als Introvertierte verstehen und akzeptieren. Wie immer gilt auch hier: Wenn wir entspannt und heiter sind, helfen wir anderen, sich ebenso zu fühlen. Und was alle Leute bei geselligen Anlässen wirklich voneinander erwarten, ist, dass jeder lächelt, nett ist und alle anderen mag (oder zumindest so tut). Sobald wir also verstanden haben, was wir brauchen, um optimal funktionieren zu können, müssen wir lernen, unsere Grenzen zu verteidigen und anderen – die unseren Rückzug als Zurückweisung empfinden könnten – zu helfen, uns zu verstehen.

Ob es nun zu Ihrem liebsten Zeitvertreib zählt, unter die Leute zu kommen oder nicht, ist unerheblich. Als Teil der Gesellschaft müssen wir alle in gewissem Umfang an Partys und Gruppenausflügen teilnehmen. Wir müssen längere Zeit mit der Familie verbringen. Wir müssen an Team-Aufgaben mitwirken. Und das ist auch gut für uns. Introvertiert zu sein heißt nicht, sich komplett, immer und für alle Zeiten von der Welt abzumelden.

Andere Menschen werden es vielleicht nicht verstehen, dass es keine Ablehnung bedeutet, wenn Sie sich für ein paar Minuten der Ruhe davonstehlen, wenn Sie heimgehen, bevor es erwünscht ist, oder einfach still am Rand sitzen. Sie tun das gerade, weil Sie sie mögen und sich ihnen gegenüber nicht zickig benehmen möchten. Es geht also darum, dass Sie zuerst selbst umlernen und dann die anderen umschulen.

Es ist auch nicht nötig, jedem zu sagen, dass Sie sich eine Ruhepause gönnen. Verschwinden Sie einfach für ein Weilchen. Manche werden das nicht einmal bemerken. Und falls doch, können

Sie vage bleiben. »Ach, ich habe mich nur schnell ein bisschen umgeschaut …« Und nun sind Sie für das Nächste wieder bereit und zwar in deutlich besserer Gemütsverfassung als ohne diese Pause.

Natürlich können Sie auch versuchen, Ihre Introversion zu erklären, und hoffen, dass die anderen es verstehen. Einige werden es verstehen, andere nicht. Falls man daraufhin eine Predigt auf Sie loslässt, schalten Sie einfach ab. Es ist unerheblich, was irgendjemand darüber denkt, wie Sie sich Ihre Energie einteilen. Wir Introvertierten wissen, was wir zu tun haben, und je besser wir es tun, desto mehr Spaß werden alle haben. Schließlich werden die Leute mit den Schultern zucken und einfach akzeptieren, dass Sie eben so sind. Und das stimmt tatsächlich. Sie sind einfach so, es besteht also kein Grund, sich dafür zu entschuldigen. Außer vielleicht, wenn Sie einmal zickig waren.

Zaubersätze für ein Energie-Leck

Introvertierte sind zu vielen erstaunlichen Heldentaten in der Lage, sie können auf Partys gehen, Urlaub mit der gesamten Familie verbringen, an Konferenzen teilnehmen und mit einer Clique abhängen. Um solche Herausforderungen jedoch zu überleben, müssen sie alles dafür tun, ihre Energie gut einzuteilen und auf die Konsequenzen zu pfeifen – die zudem selten so schlimm sind, wie andere einen glauben lassen wollen. Durch unsere Gewohnheit, gründlich zuzuhören, und wegen unserer übermäßigen Wahrnehmung und Sensibilität sind wir Introvertierten jedoch besonders anfällig dafür, in den Strudel der Forderungen und Erwartungen anderer hineingezogen zu werden, was uns dazu bringen kann, noch lange weiterzumachen, obwohl unsere Energie völlig erschöpft ist. Dann werden wir unglücklich, zickig und missmutig. Und die Leute, die uns in Grund und Boden reden, sodass wir unsere eigenen Bedürfnisse ignorieren, wundern sich dann, was mit uns los ist. Offenbar hassen wir andere Menschen. – So hat es mit diesem hässlichen Klischee angefangen.

Es ist daher unsere Aufgabe, dafür zu sorgen, dass wir nicht in genau die Verhaltensweisen verfallen, die andere an uns zu kennen glauben. Während ich es gelernt habe, mit meiner Energie besser hauszuhalten, habe ich Zaubersätze entdeckt. Diese Sätze sind für Extrovertierte ebenso wirkungsvoll wie für Introvertierte, aber Introvertierte werden sie vielleicht öfter brauchen. Sagen Sie sich diese Sätze im Geist vor, wenn Sie dem Erwartungsdruck anderer widerstehen müssen. Beide sind für viele unterschiedliche Situationen und Nuancen passend. Die Zaubersätze lauten:

- *Dafür bin ich nicht verantwortlich.*
- *Das ist nicht mein Problem.*

Viele Introvertierte sind hochsensibel oder sogar übersensibel für soziale Botschaften. Nicht nur für die von ihren Lieben – sondern auch für die von so gut wie jedem. Unser introvertiertes Radar fängt alle Arten von Botschaften auf jeglichem Weg ein, und viel zu oft fühlen wir uns verpflichtet, auf alle zu reagieren. Oder es zumindest zu versuchen. Ist es da ein Wunder, dass andere Menschen uns anstrengen? Ein Beispiel: Ich bin zu einem Abendessen eingeladen. Die Gäste werden nur langsam miteinander warm. Die Unterhaltung ist schleppend. In meinem Kopf geht eine Alarmglocke an: ›Die Party ist in Gefahr! Ich muss sie retten!‹ Ich trete in Aktion, setze meine imaginäre Clownnase auf und ziehe eine Show ab, bis alle lächeln. Dann, wenn alle anderen Spaß haben, bin ich erschöpft und will nach Hause.

War ich wirklich dafür verantwortlich? – Nein. In jeglicher sozialer Situation bin ich einzig und allein dafür verantwortlich, so gut ich kann ich selbst zu sein, auch wenn das bedeutet, mich einfach nur höflich, freundlich und angenehm zu verhalten. Ich muss niemanden unterhalten, ich muss nicht bei allem aufmerksam zuhören, was andere erzählen, und ich bin nicht dafür verantwortlich, dass es anderen gut geht. Wie es kommt, kommt es, und alles ist in Ordnung.

Ach ja, es fängt schon damit an, dass ich nicht verpflichtet bin, eine Essenseinladung anzunehmen, wenn ich das nicht möchte. Ich kann die Wahl treffen. Wenn ich mich dafür entscheide, die Einladung nicht anzunehmen, und sich deswegen jemand verletzt fühlt – ja gut, dann ist das schade. Aber wenn das einzige Problem darin besteht, dass jemand anders ein Problem damit hat, wenn ich nicht zu dem Essen gehe, dann ist es nicht mein Problem. Es ist das Problem dieser anderen Person.

Sehen Sie, wie es funktioniert?

Oder denken Sie an die Plaudertasche, von der Sie auf einer Party mit einem Wortschwall in eine Ecke gedrängt werden. Selbst wenn Sie aufgrund Ihrer introvertierten tiefgründigen Gedanken hinter dem Geplapper die Unsicherheit und die Sehnsucht nach Kontakt erkennen – so ein Pech. Aber es ist nicht Ihr Problem. Zumindest nicht, solange es keine gute Freundin oder kein liebes Familienmitglied ist. Oder Sie nicht denken, diese Person stünde an einem Abgrund, *und* Sie möchten deren Bedürfnisse erfüllen. Andernfalls entfernen Sie sich. Gehen Sie auf die Toilette. Die Person wird es überleben.

Die Zaubersätze eignen sich nicht bei echten Verpflichtungen und legitimer Verantwortung gegenüber geliebten Wesen (und manchmal sogar Fremden). Ich billige kein gefühlloses Verhalten, nur Grenzen. Sie entscheiden selbst, wo diese Grenzen sind. Manchmal verschieben sich die Grenzen auch je nach Situation. Das ist in Ordnung. Haben Sie jedoch das Gefühl, dass Ihre Grenzen in unangenehmem Ausmaß ausgedehnt werden, sollten Sie einen kleinen Realitäts-Check vornehmen. Ignorieren Sie Ihre eigenen Bedürfnisse, um die eines anderen Menschen zu erfüllen? Wollen Sie das wirklich?

Falls nicht, flüstern Sie sich selbst die Zaubersätze zu:

- *Dafür bin ich nicht verantwortlich.*
- *Das ist nicht mein Problem.*

Wissen Sie, worin deren echter Zauber liegt? Werden diese Sätze passend genutzt, können sie uns Introvertierten dabei helfen, gesellschaftliche Ereignisse mehr zu genießen, als wir je gedacht hätten, indem sie unnötige Energielecks abdichten: alles, wofür wir nicht verantwortlich sind und was nicht unser Problem ist.

Sind Introvertierte misslungene Extrovertierte?

Introversion gilt häufig als der Raum ohne Extroversion. Als Vakuum. Eher als ein Fehlen, nicht als eine Präsenz.

Das trifft besonders auf Studien der Persönlichkeitspsychologie zu. Auf diesem Gebiet spricht man von fünf beständigen Wesenszügen, den sogenannten Big Five. Diese sind Offenheit, Gewissenhaftigkeit, Extroversion, soziale Verträglichkeit und Neurotizismus. Wissenschaftler messen diese Wesenszüge anhand von Fragebögen mit positiv und negativ gewichteten Fragen. Wenn Sie auf eine positiv gewertete Frage mit Ja antworten, deutet dies auf Extroversion hin. Antworten Sie mit Nein, weist dies auf fehlende Extroversion hin – oder, wie die Wissenschaftler unterstellen, auf Introversion.

Damit ist dies eine sehr ungenaue Wissenschaft. Sogar eine schlampige.

Ich habe mir einmal das Bemessungswerkzeug für Extroversion angeschaut, das IPIP-HEXACO, das vier Facetten der Extroversion misst: Expressivität, Lebhaftigkeit, Geselligkeit und Sozialer Mut. Jede Facette wird auf diesem Fragebogen durch kurze Beschreibungen von Gefühlen oder Verhaltensweisen gemessen, die positiv oder negativ bewertet werden.

Wir wollen uns einige Punkte dieses Fragebogens einmal anschauen. Unter dem Thema Expressivität wird »Ich unterdrücke meine Gefühle« negativ bewertet; wenn Sie also mit Ja antworten, bedeutet dies, dass Sie weniger extrovertiert und somit introvertierter sind. Aber stimmt das auch? Mir scheint es so, dass Introvertierte in ihrem Element – einem stillen Ort mit vertrauten Menschen – ihre

Gefühle wahrscheinlich weniger verbergen werden als Extrovertierte in ihrem Element, umgeben von großem Trubel. Wir Introvertierten sind hinsichtlich unserer Gefühle nicht mehr und nicht weniger offen als Extrovertierte, solange wir mit Menschen zusammen sind, die sich die Zeit nehmen, uns zuzuhören. Daher sagt in diesem Fall das Fehlen dieser Verhaltensweise nicht wirklich etwas über Extroversion versus Introversion aus.

Unter Sozialem Mut wird in dem Fragebogen die Aussage »Es würde mich ängstigen, vor Publikum sprechen zu müssen« ebenfalls negativ bewertet.

Nein, auch das stimmt nicht. Ich kann sehr gut vor Publikum sprechen, wie viele andere Introvertierte auch. Das Gefühl, die Kontrolle zu haben, kann das Sprechen vor Publikum sogar sehr einfach für uns Introvertierte machen. Wir wissen, warum wir dort stehen und was wir sagen wollen. Also sagt auch das nichts über Introversion aus. Der Abschnitt über Sozialen Mut auf dem Fragebogen behauptet auch, dass Nicht-Extrovertierte »wenig zu sagen haben«. Also wirklich, das ist geradezu unverschämt. Wer sagt denn das? Wir haben unter den richtigen Umständen eine Menge zu sagen. Ja, Extrovertierte reden mehr, aber »haben wenig zu sagen« klingt für mich wie ein Werturteil, und ich weise dies als Beschreibung der Introversion strikt zurück.

Der Fragebogen befasst sich anschließend mit der Geselligkeit. »Es macht mir selten Freude, unter Leuten zu sein«, wird, wie sollte es anders sein, negativ gewertet. Sagen Sie Ja, und schon sind Sie weniger extrovertiert und daher introvertierter. Aber auch das ist falsch. Es hängt völlig davon ab, mit welchen Leuten, mit wie vielen Leuten und wie lange, oder? Würde die Aussage lauten: »Ich habe selten Freude daran, in großen Gruppen von Leuten zu sein, wo es laut und ausgelassen zugeht«, würde ich es vielleicht durchgehen lassen. Auch wenn ich dies manchmal durchaus genießen kann, vor allem wenn es mir freisteht, still zu sitzen und das Tohuwabohu zu beobachten.

Unter den Aussagen zur Lebhaftigkeit ist »Ich habe das Gefühl, eine große innere Stärke zu besitzen« positiv bewertet, wodurch es zu einer extrovertierten Qualität wird. Tatsächlich? Das ist einfach nur lächerlich. Was hat innere Stärke mit Introversion oder Extroversion zu tun? Es ist schwer, darüber zu streiten. Am besten also einfach ignorieren.

Introversion ist so viel mehr als nicht Extroversion zu sein. Aber bei dieser Bewertung haben alle Qualitäten, bei denen Introversion unterstellt wird, einen Touch von Trauerkloß: *Scheine weniger Freude aus der Interaktion mit Menschen zu beziehen als andere. Halte mich im Hintergrund. Spreche sanft. Finde es schwierig, auf andere zuzugehen.*

Die positiv gewichteten – oder extrovertierten – Qualitäten hingegen sind alle voller Vitalität: *Habe Führungsqualitäten. Unterhalte mich gerne. Bringe Leben in eine Party.* Und nebenbei ist festzuhalten, dass die subtile Andeutung introvertierter Züge *negativ* gewichtet wird. Sicher, das ist nur die Sprache der Statistik, aber irgendwie scheint sich alles zu viel warmer Luft zu addieren. Bewertet man Introversion als das Fehlen von Extroversion, so unterstellt dies, dass Extroversion etwas ist, während Introversion eine Art Nichts ist. Sie ist ein Mangel. Ein Loch. Ein Ort, wo etwas nicht ist.

Das lehne ich ab. Ich glaube, die Introversion hat ihre eigene Energie, ihr eigenes Sein.

Bedenken Sie einmal Folgendes: Im Rahmen seiner Studien über Glück und Extroversion ließ der Psychologe Dr. Will Fleeson eine Gruppe von Studenten sich an einen Tisch setzen und bat sie, sich jeweils zehn Minuten lang entweder introvertiert oder extrovertiert zu verhalten.

Erstaunlicherweise waren nicht die Introvertierten, die sich extrovertiert benahmen, nach zehn Minuten am stärksten ausgepowert. Nein, die Extrovertierten waren am stärksten erschöpft durch die Anstrengung, sich introvertiert zu verhalten.

Vielleicht ist die Extroversion eine so starke Kraft, dass es erschöpft, sie zu unterdrücken? Vielleicht hatten die Introvertierten einfach sehr viel Erfahrung darin, sich extrovertiert zu verhalten, sodass diese Übung ihnen weniger Anstrengung abverlangte? Vielleicht erzeugte die Introversion aber auch ihre eigene Energie, die so stark ist, dass Extrovertierte nicht damit umgehen können? Unsere geheime Superpower. Eines jedoch ist sicher – wenn Introversion so anstrengend ist, kann sie todsicher nicht Nichts sein.

Muss man immer alle Menschen mögen?

Abgesehen von den Menschenfeinden unter uns (und die gibt es auch unter den Extrovertierten) haben wir Introvertierten nichts gegen andere Menschen – auch wenn das manche Leute denken. Zu solch einer Behauptung gehört einiges dazu, oder? Ich esse nicht jeden Tag Thunfischsalat, das heißt aber nicht, dass ich etwas gegen Thunfischsalat habe. Wenn ich pingelig sein wollte, könnte ich die These aufstellen, dass wir Introvertierten anderen Menschen aufrichtiger zugewandt sind als Extrovertierte, weil wir immer nach Verbindungen und Gesprächen suchen, während sich Extrovertierte mit Lärm und Geplapper begnügen.

»Das Problem in Gruppen ist, dass ich die Menge an Leuten, mit denen ich spreche, umgekehrt proportional zu dem Grad an Vertrautheit empfinde, den ich mit jedem Einzelnen erreichen kann«, sagte eine Introvertierte. »Kaum sind mehr als zwei oder drei Leute beieinander, scheint jeder nur noch über sich selbst zu reden, um gehört zu werden.«

Wie auch immer, wir Introvertierte mögen Menschen, aber in geringer Dosierung und kleiner Anzahl. Wir verbringen gerne Zeit mit einzelnen guten Freunden. Das brauchen wir genauso wie das Alleinsein. Introvertierte werden nicht einsam, wenn sie nicht mit vielen Leuten zusammen sind, sie werden einsam, wenn sie nicht regelmäßig intimen Umgang haben. (Und damit meine ich nicht Sex, auch wenn der natürlich ebenfalls eine feine Sache ist.) Manchmal sind wir gerne unter Leuten, ohne wirklich mit ihnen zu interagieren. Die Menschheit ist unendlich faszinierend, auch wenn die Leute oft langweilig sind.

Manche Menschen reden gerne jederzeit mit jedem. Ich habe eine Freundin, die Unterhaltungen mit Fremden beginnt, wo auch immer wir hingehen. Das ist tatsächlich etwas irritierend, geht mich aber nichts an. Ich respektiere ihr Recht, extrovertiert zu sein. Aber ich vermute, man könnte mir in dieser Hinsicht vorwerfen, ein Snob zu sein: Allein die Tatsache, dass wir alle der menschlichen Rasse angehören, empfinde ich nicht als ausreichende Gemeinsamkeit, um alle für mich interessant erscheinen zu lassen. Natürlich weiß man erst, wenn man sich mit jemandem unterhält, ob er interessant ist oder nicht, ich sehe jedoch keinen zwingenden Grund, warum ich versuchen müsste, jede interessante Person auf dieser Welt durch eine zufällige Unterhaltung ausfindig zu machen. Die Chancen stehen ziemlich gut, dass man tausend sinnlose Gespräche führt, bevor man ein sehr gutes dabeihat.

Dennoch ist es nicht dasselbe, einige Menschen langweilig oder einfach für das eigene Leben unnötig zu empfinden oder alle Menschen nicht zu mögen. Es ist absolut nichts falsch daran, dass wir unsere eigenen Gedanken interessanter finden als die Geschichte von der Zahnfleischoperation der Nichte des Ehemanns von irgendjemandem.

Introvertierte möchten auch nicht jeden Tag in Gesellschaft verbringen. Jede soziale Interaktion entzieht ihnen etwas Energie, und nach ein paar geselligen Tagen hintereinander müssen sie auch einmal abschalten. Nach einigen Tagen Interaktion fühlt sich mein Gehirn an, als sei es vollgestopft mit den Sätzen anderer Menschen. Sie rumoren in meinem Kopf und ich würde sie gerne aus meinen Ohren herausschütteln. Dann ist für mich ein Punkt erreicht, an dem ich sogar Einladungen ablehne, die ich sonst annehmen würde. Wenn ich an die Grenze meiner Fähigkeit zur Geselligkeit gestoßen bin, klingt keine Einladung so verlockend wie das Alleinsein.

Unsere begrenzte Fähigkeit, unter Leuten zu sein, bewirkt, dass wir Introvertierten wählerisch sind, wen wir wann und wie sehen. Wir sträuben uns dagegen, wertvolle soziale Energie für Begegnungen ohne Nährwert zu verschwenden. Zugegeben, wir können unfreundlich sein – wenn Sie die Tatsache als unfreundlich empfinden, dass wir die Gesellschaft anderer manchmal ablehnen. Das hat aber nichts mit Feindseligkeit gegenüber anderen zu tun, es ist eine Form des Selbstschutzes und der Selbstregulation.

Es ist nichts falsch daran, wenn wir Introvertierten es ablehnen, zu jeder Party zu kommen, wenn wir entscheiden, nicht mit jedem zu reden, der uns über den Weg läuft, wenn wir in unseren Beziehungen Qualität über Quantität stellen. Es bedeutet lediglich, dass wir unsere Grenzen kennen und uns entscheiden, uns für die Menschen und Aktivitäten aufzuheben, die uns wichtig sind. Andere mögen vielleicht denken, dass wir andere Leute nicht mögen, dabei bedeutet es tatsächlich, dass wir uns nur Zeit für die Leute nehmen, die uns wichtig sind.

Ruf mich nicht an, ich werde anrufen ...

Na ja, vielleicht auch nicht ...

Ach ja, das Telefon. Neun von zehn Introvertierten sind sich einig: Das Telefon ist ein Werkzeug des Teufels.

Warum hassen wir das Telefon? Oh, dafür gibt es so viele Gründe.

»Telefone sind wie verzogene Gören«, klagte eine Introvertierte, »›*Hör' auf mit dem, was du gerade tust, und schenke mir sofort deine Aufmerksamkeit!*‹ – Ich hasse es, von einem Apparat herumkommandiert zu werden.«

Da wir Introvertierten gründlich nachdenken und langsam handeln, kann man praktisch hören, wie die Verbindung zwischen unseren Neuronen zerreißt, wenn das Telefon klingelt und wir versuchen, unseren Geist von unserer momentanen Aufgabe zu lösen, um uns auf die- oder denjenigen zu konzentrieren, der darauf besteht, dass wir *sofort* aufspringen! Es ist ähnlich, als würden wir durch einen schrillenden Alarm aus einem Traum gerissen und nun kämpfen, um uns auf eine körperlose Stimme zu konzentrieren und auf das, was diese Stimme zu sagen hat, was – sehen wir den Tatsachen ins Auge – nicht immer sonderlich interessant ist.

Das Klingeln eines Telefons löst zudem eine Dopamin-Flut aus. Dopamin ist der für die Unternehmungslust zuständige Neurotransmitter, nach dem Extrovertierte gieren, der bei Introvertierten jedoch dafür sorgen kann, dass sie sich überfordert und ängstlich fühlen.

Wie viele Introvertierte habe auch ich am Telefon keine Chance gegenüber einer Plaudertasche, letztlich muss ich mir also eine Menge anhören und immer wieder einmal ›ach‹, ›aha‹ oder ›ach so‹

einwerfen. Ist es da verwunderlich, dass wir Introvertierten gelangweilt und unruhig werden? »Ich habe eine kontaktfreudige Freundin, die mir, wenn sie anruft, alles erzählt, was in ihrem Leben so passiert, während ich kaum zu Wort komme«, beklagte sich eine Introvertierte. »Und da sie weit weg wohnt und keine E-Mails schreibt, ist dies praktisch die einzige Möglichkeit, auf dem Laufenden zu bleiben.«

Die Tendenz Introvertierter, langsam zu denken und zu antworten, führt zu langen Pausen, was am Telefon unangenehm sein kann. Oder es wirkt wie eine Aufforderung an den Gesprächspartner, ständig weiterzureden. Wenn ich versuche, ins kalte Wasser zu springen und ebenfalls zu plaudern, verliere ich häufig die Kontrolle über die vielen Themen meines Bewusstseinsstroms, was mich schließlich sogar selbst verwirrt, bis ich stotternd inmitten unzusammenhängender Gedanken, Anekdoten und Erklärungen zum Stillstand komme. Habe ich meinen Gesprächspartner ebenso sehr verwirrt wie mich selbst? Keine Ahnung, weil wir uns beim Telefonieren auf so wenig stützen können. Es gibt kein »zwischen den Zeilen, keine Körpersprache«, wie es eine Introvertierte auf den Punkt brachte. »Ich kann mich nur ›richtig platzieren‹ (falls das Sinn macht), wenn ich meinen Gesprächspartner direkt vor mir habe.«

Nach einem langweiligen oder zu langen Telefonat fühle ich mich in die Enge getrieben und verzweifelt. Schlimmer ist es noch, wenn Anrufer häufig meine Ungeduld und mein Unglücklichsein mitbekommen. Es ist absolut nicht böse gemeint. Ich würde liebend gerne mit diesen Menschen von Angesicht zu Angesicht stundenlang sprechen. Meine Ungeduld betrifft das Medium, nicht die Mitteilung. Ich kann einfach nicht gut telefonieren. Sogar mein Mann hasst es, mit mir zu telefonieren. Es gefällt ihm nicht, wenn er das verräterische Klappern der Computertastatur hört, wenn das Gespräch für mich beendet ist, ob das nun auch für ihn gilt oder nicht. Selbst wenn ich das Tippen unterlasse, merkt er doch am Klang meiner Stimme, wenn ich mich innerlich abgemeldet habe.

Wir Introvertierten laufen Gefahr, die Gefühle anderer zu verletzen, wenn wir uns vom Telefon dazu bringen lassen, das Gespräch anzunehmen. Eine Introvertierte sagte, dass sie das Telefonläuten ignoriert, es sei denn, es ruft jemand an, mit dem sie in diesem Moment unbedingt sprechen möchte. Sonst ruft sie später zurück, »wenn ich es gefahrlos kann, ohne dass der Angerufene merkt, dass ich unleidlich bin, einfach nur, weil ich reden bzw. zuhören muss«.

Um das Ganze noch schlimmer zu machen, wird die Abneigung gegenüber dem Telefon häufig als ein moralischer Mangel von uns Introvertierten angesehen. Die Leute scheinen zu glauben, dass wir, wenn wir nett wären und unsere Freunde und unsere Familie lieben würden, gerne mit ihnen telefonieren würden.

Mit Liebe hat das aber gar nichts zu tun. Telefonate sind für viele von uns einfach nicht die beste Möglichkeit, uns mit anderen Menschen verbunden zu fühlen. »Das Problem ist«, sagte eine Introvertierte, »dass wir schweigend neben einem anderen Menschen sitzen und uns dennoch mit ihm verbunden fühlen können. Am Telefon hingegen besteht der Druck, die Stille zu füllen, egal ob man etwas zu sagen hat oder nicht.«

»Es ist eine gewaltige Kluft, die sich da auftut, die überwunden werden muss, um einem Menschen am anderen Ende der Leitung emotional bzw. kommunikativ zu begegnen«, beschrieb es jemand anders.

Viele von uns Introvertierten finden E-Mail und SMS angenehm, beides ist effizient, und wir können dabei in unserem eigenen Tempo denken. »Viele meiner Freunde necken mich liebevoll, weil ich das Telefon so hasse. Unser hauptsächliches Kommunikationsmittel sind daher SMS geworden«, schrieb eine Introvertierte. »Deshalb weiß ich, wenn eine meiner engen Freundinnen anruft, dass es wirklich wichtig und/oder eilig ist, und es fällt mir dann auch leichter, angemessen darauf zu reagieren.«

Das Telefon gänzlich aufzugeben ist nicht machbar. Ich habe weit verstreute Freunde, mit denen ich tiefgründige und philosophische Telefonate führe. Diese Anrufe halten die Freundschaft lebendig. Ein solcher Anruf kann jedoch meinen ganzen Tag aus der Bahn werfen. Daher versuche ich, solche Telefonate zu planen. Meine Freunde haben anfangs protestiert, sich aber daran gewöhnt.

Telefonate sind viel einfacher, wenn ich ein Headset trage und meine Hände frei habe. Wenn ich das Telefon während eines langen Gesprächs in der Hand halten muss, fühle ich mich physisch und psychisch gefesselt. Mit einem Headset kann ich beim Reden einfache Hausarbeiten erledigen wie Kehren oder Abwaschen. Sogar einfache Computerspiele wie Tetris und FreeCell können mir bei der Konzentration helfen, während sie den ruhelosen Teil meines Geistes beschäftigen.

Die Technik stellt inzwischen eine Menge Hilfsmittel bereit, um das Telefon erträglich zu machen. Oder zumindest weniger unerträglich. So gibt es die Anruferkennung, mit der man verschiedenen Leuten verschiedene Klingeltöne zuweisen kann; damit haben wir Introvertierten nicht so sehr das Gefühl, überfallen zu werden, und wir können entscheiden, ob wir abheben möchten oder nicht. »Und das Beste von allem, das Telefon hat eine ›Anruf-Beenden-Taste‹!«, sagte eine Introvertierte.

Videoanrufe können mehr Spaß als Qual sein, auch wenn ich es definitiv vorziehe, solche Anrufe zu planen, damit ich mich angemessen anziehen, etwas Make-up auftragen und nett aussehen kann. Es ist in gewisser Weise ein Besuch von Angesicht zu Angesicht.

Die weiter oben bereits zitierte SMS-schreibende Introvertierte berichtete auch, dass sie und ihre Mutter, die ebenfalls eine Abneigung gegen das Telefon hat, übereingekommen sind, einmal pro Woche zu telefonieren. Wenn alle Informationen ausgetauscht seien und sie anfingen, nur noch dummes Zeug zu reden, sage eine von beiden: »Mir reicht das Telefonieren, ich lege dann auf, aber wir sprechen uns nächste Woche wieder, okay?«

Es ist eine solche Erleichterung, so ehrlich sein zu können und sich keine Gedanken machen zu müssen, ob man Gefühle verletzt oder es zu Missverständnissen kommt!«, sagte die Introvertierte. »Ich habe versucht, dies auch mit anderen Menschen so zu machen und erstaunlicherweise klappt es gut.«

Im Himmel gibt es einen Sonderplatz für die Menschen in unserem Leben, die unsere Abneigung gegenüber dem Telefon akzeptieren, auch wenn sie sie nicht teilen. Ich weiß Freunde zu schätzen, die weit weg wohnen und damit klarkommen, dass unsere Telefonate geplant werden. Ich bin dankbar für Menschen, die wissen, wann ein Telefonat zu beenden ist. Ich weiß auch die Menschen zu schätzen, die normalerweise meine Abneigung gegenüber dem Telefon respektieren, die aber auch wissen, wann sie mir sagen müssen, dass es angezeigt ist, bei einem Gedankenaustausch von E-Mails auf das Telefon zu wechseln. Manchmal brauche ich einen Anstoß, und auch das ist in Ordnung. Es betrifft beide Seiten, und die Dinge müssen nicht immer auf unsere Art ablaufen.

Interessanterweise könnte die Gesellschaft tatsächlich auf unsere Denkweise umschwenken. Dem Unternehmen Nielsen zufolge telefonieren wir weniger als früher (der Höhepunkt war 2007), und 2008 hieß es, dass die Leute mit ihren Handys mehr SMS sendeten und empfingen, als Anrufe zu tätigen oder zu empfangen.

Entweder erlebt die ganze Welt eine moralische Krise, oder eine Menge Leute empfinden bezüglich des Telefons so wie wir. Sie haben es einfach nicht zugegeben, weil sie sich nicht vorwerfen lassen wollten, andere nicht genügend zu lieben.

Über das Recht, nicht feiern zu müssen

Wir Introvertierten müssen für unser Recht kämpfen, nicht feiern zu müssen. Bei allem, was wir Introvertierten gemeinsam haben, ist jeder von uns doch auch eine einmalige Mischung aus Persönlichkeit und Erfahrungen, aus Anlage und Umwelt. Nicht zwei von uns sind gleich. (Manche mögen sogar Karaoke …) Um unser Leben introvertiert leben zu können, müssen wir die Grundzüge unserer eigenen Natur herausfinden und ergründen, wie wir unser Bedürfnis nach Alleinsein mit unserem Bedürfnis nach menschlicher Interaktion aufeinander abstimmen können.

Vermögen Sie die Nuancen Ihrer eigenen Erschöpfung zu erkennen? Wenn Sie an die Grenzen sozialer Interaktion stoßen, würde Ihre Erschöpfung dann durch einen Abend, den Sie allein verbringen, wieder verschwinden, oder brauchen Sie ein ganzes Wochenende dafür? Würde es in manch einer Situation helfen, sich einmal kurz auf die Toilette zurückzuziehen, oder ist es Zeit, nach Hause zu gehen? Sind Sie der Party überdrüssig oder nur der Plaudertasche, die keine Anzeichen erkennen lässt, endlich den Mund zu halten? Möchten Sie heute Abend zu Hause bleiben, weil Sie gerne zu Hause bleiben wollen oder weil Sie der Trägheit erliegen?

Das Energie-Management ist der Schlüssel zum Leben von uns Introvertierten außerhalb der eigenen vier Wände, weil wir durch das Respektieren unserer eigenen Grenzen und die Einteilung unserer Energie Geselligkeit mehr genießen und die Gefahr minimieren können, dass wir übellaunig werden oder durchdrehen. Es kann manchmal schwierig sein, anderen das verständlich zu machen. Sie lieben Partys und können nicht verstehen, warum es nicht allen so geht.

Bist du nicht gerne mit mir zusammen?

Du kannst doch jetzt nicht schon nach Hause gehen!

Aber ohne dich wird es nicht mehr so schön sein!

Du bist so ein Spielverderber!

Leute, die nicht tanzen wollen, sind schlecht im Bett!

(Die letzte Aussage wurde tatsächlich geäußert, wie eine Introvertierte berichtete, die von einem nahezu Fremden auf einer Party mit diesen Worten gekränkt wurde.)

Extrovertierten und Introvertierten hat man gleichermaßen eingetrichtert, dass Extroversion gesund und Introversion beschämend sei. Daher kann man Extrovertierten nicht wirklich einen Vorwurf machen, dass sie uns Introvertierte vor uns selbst retten wollen. Sie meinen es oft gut. Aber wir brauchen keine Rettung, und es ist unsere Aufgabe, das freundlich, aber bestimmt verständlich zu machen. Es kann schwierig sein, andere so zum Umdenken zu bringen, dass sie unser Bedürfnis nach Freiraum akzeptieren.

Entscheidend ist aber Folgendes: Partys gelten als Spaß, und wenn Sie keinen Spaß daran haben und es keinen anderen triftigen Grund gibt, dort zu erscheinen (»Weil andere sagen, ich soll kommen« ist kein triftiger Grund), gibt es kein logisches Motiv, warum Sie hingehen sollten. Dasselbe gilt auch für eine Menge anderer Dinge. Ja, es gibt gewisse fürchterliche Aktivitäten, bei denen wir keine andere Wahl haben, als sie durchzustehen (beispielsweise teambildende Übungen in der Arbeit), aber wenn etwas, was Spaß machen soll, für Sie nicht nach Spaß klingt, ist es völlig in Ordnung, wenn Sie die Einladung nicht annehmen.

Nun gibt es einige Extrovertierte, die uns anbetteln, doch zu kommen, weil sie unsere Gesellschaft wirklich wünschen. Andere wollen einfach aus Spaß an der Freude, dass wir kommen. Und wieder andere, vermute ich, fassen unsere Einstellung als Urteil auf und meinen, nur weil wir die Teilnahme an etwas ablehnen, würden wir es verurteilen.

In einigen Fällen ist keine Erklärung nötig. Nicht jeder muss die Nuancen unserer Persönlichkeit verstehen und akzeptieren. Wenn es um Bekannte oder beiläufige Freunde geht, schulden wir ihnen lediglich gute Manieren. Wenn Sie an dem Spaß nicht teilnehmen möchten, sagen Sie einfach nur »Nein danke«, und der Fall hat sich. Wenn es für Sie Zeit ist, nach Hause zu gehen, sagen Sie »Auf Wiedersehen«. Keine Entschuldigungen, keine überflüssigen Erklärungen. Wenn andere deshalb eingeschnappt sind und sich ärgern oder sich verzweifelt beklagen, treten Sie innerlich einen Schritt zurück. Es ist nicht Ihr Problem. Solange Sie niemandem einen Strich durch die Rechnung machen, steht es Ihnen zu, über Ihre eigene Zeit zu verfügen. Und nein, ›*Ohne dich macht es keinen Spaß*‹ ist nicht dasselbe, wie jemandem einen Strich durch die Rechnung zu machen. Versichern Sie lediglich, dass es auch weiterhin ähnlich Spaß machen wird.

Weil wir unsere Freunde und unsere Lieben gern haben, berücksichtigen wir jedoch deren Bedürfnisse, wenn wir anfangen, unser ruhiges Terrain abzustecken. Wir wollen ja niemandes Gefühle verletzen. Nahe Freunde und die Familie verlangen und verdienen mehr. Sie können ihnen erklären, wie Sie Ihre Energie einteilen, ihnen versichern, dass Sie dadurch für die Umgebung amüsanter sein können, ihnen erzählen, dass es nichts damit zu tun hat, wie sehr Sie sie lieben. Sagen Sie ihnen diesen letzten Satz immer und immer wieder, wenn es sein muss, bis sie ihn verinnerlicht haben.

Und dann tun Sie, was Sie tun müssen. Umlernen ist ein allmählicher Prozess, aber jedes Mal, wenn Sie sich entschuldigen, um einen Spaziergang zu machen, oder die Party verlassen, wenn die Stimmung gerade steigt, oder die erste Tasse Kaffee morgens im Schlafzimmer trinken anstatt mit der Familie, ist dies ein Schritt zur Umschulung der Erwartungshaltung anderer Menschen.

Und nicht nur das. Jedes Mal, wenn Sie sich der Gesellschaft wieder anschließen, lächelnd und wieder mit einer neuen Einstellung, erkennen andere allmählich eine Verbindung zwischen Ihrem Weggehen und Ihrem besser gestimmten Zurückkommen. Schließlich werden sie die Zeichen erkennen, wenn Sie Ihre Grenze allmählich erreichen, und Ihnen von sich aus Freiraum lassen wie Eltern, die ihrem unleidlichen Kleinkind ein Schläfchen anbieten. Nehmen Sie das nicht persönlich. Akzeptieren Sie es dankbar, denn an diesem Punkt ist Ihr stiller Kampf beendet. Sie haben dann Ihr Revier als introvertierter Mensch abgesteckt.

Einsamkeit ist eine Gemütsverfassung

Viele Menschen verwechseln das ›Alleinsein‹ mit ›Einsamkeit‹. Sogar das Wörterbuch Merriam-Webster gibt es falsch an. Schauen Sie unter ›einsam‹ nach, so lautet die erste Definition »ohne Gesellschaft sein«. Aber mal ehrlich, wer verwendet den Begriff so? Wenn jemand Sie anrufen und fragen würde, ob jemand bei Ihnen ist, würden Sie dann sagen: »Nein, ich bin einsam«? Das würde eine völlig falsche Botschaft vermitteln und Sie würden dem Anrufer leidtun. Schlimmer noch, diese Person könnte angelaufen kommen, um Ihnen Gesellschaft zu leisten, was zwar eine liebenswürdige Geste wäre, aber die perfekte Zeit, die Sie mit sich allein verbringen wollten, verderben könnte. (Genau genommen wäre ein introvertierter Mensch, der die Zeit mit sich allein genießt, gar nicht ans Telefon gegangen. Aber das ist ein anderes Kapitel.)

Schauen Sie im Wörterbuch unter ›allein‹ nach, so finden Sie als erste Definition »von anderen getrennt«, was noch viel einsamer klingt als die Definition von ›einsam‹. »Von anderen getrennt« impliziert, dass Sie mit anderen zusammen waren, es nun aber nicht mehr sind. Da wird ein Hauch von Verlust spürbar.

Alleinsein ist ein äußerer Zustand: eine Person ohne andere Leute. Einsamkeit ist ein innerer Zustand. Es ist die Sehnsucht danach, mit anderen Leuten zusammen zu sein. Einsamkeit beschreibt, wie es sich anfühlen kann, allein zu sein.

Meist fühlen wir Introvertierten uns ausgesprochen gut, wenn wir allein sind. Wir können stundenlang Auto fahren, mit keiner weiteren Gesellschaft als dem Autoradio. »Ich würde ein Vermögen ausgeben und Stunden meiner Zeit dafür opfern, eine Fahrgemeinschaft zu umgehen«, schrieb eine Introvertierte. Wir Introvertierten können ein Wochenende allein zu Hause verbringen, ohne uns zu langweilen. Wir lieben Abende, an denen wir alleine sind. Auch Vormittage. Nichts zu tun zu haben betrachten wir als etwas zu tun zu haben. »Ich liebe es, morgens allein aufzuwachen, wenn meine Mitbewohnerin zur Uni gegangen ist«, schrieb eine andere Introvertierte. »Ich bleibe im Bett, trinke meinen Kaffee und schaue mir eine Folge von *Dr. House* an.«

Der Ausspruch »Die Hölle, das sind andere Leute beim Frühstück« stammt nicht von Sartre, auch wenn er ihm im Internet vielfach zugeschrieben wird. Introvertierte sagen das jedoch ständig. Morgendliche Unterhaltungen sind überaus schwierig für uns.

Das Bedürfnis von uns Introvertierten, sehr viel Zeit für uns allein zu haben, ist einer der Gründe, warum wir nicht Millionen Freunde haben. Freundschaften brauchen Zeit, um sie zu pflegen, und zu viele Freundschaften brauchen zu viel Zeit. Die Anzahl an Freunden ist jedoch für Einsamkeit unerheblich.

Die UCLA Loneliness Scale (Einsamkeitstest der University of California, Los Angeles), die Wissenschaftler verwenden, um Einsamkeit zu erfassen, fragt nicht nach der Anzahl von Freunden oder der Menge an Zeit, die man mit anderen verbringt. Sie bittet die Leute auch nicht, sich selbst danach zu bewerten, ob sie nach dem Credo »je mehr, desto besser« oder »für mich gibt es keine Fremden« leben. Bemessungsgrößen sind vielmehr Fragen wie »Wie oft stellen Sie fest, dass Sie darauf warten, dass jemand anruft oder schreibt?« und »Wie oft fühlen Sie sich von anderen ausgeschlossen?«

Einsam zu sein ist nie gut. Allein zu sein ist nicht immer schlecht.

Ich mag das Wort »Abgeschiedenheit«. Es impliziert Ruhe. Es klingt erholsam und einladend. Dabei stelle ich mir einen einzelnen Baum auf einem Hügel vor oder einen gemütlichen Lehnstuhl an einem verschneiten Wintertag oder eine kleine Hütte unter dem weiten Himmel Montanas. Abgeschiedenheit klingt gut und gesund und nicht das kleinste bisschen pathetisch.

Oder, um dem Ganzen einen flotteren Klang zu geben, ich mag es, »solo zu sein«. Ich gehe gerne solo ins Kino und ignoriere mitleidige Blicke in meine Richtung. Diese Leute bedauern vielleicht jemand anderen: Vielleicht diese Frau bei ihrem schrecklichen ersten Date. Oder den Typen, der von seiner Frau in einen Frauenfilm gezerrt wurde. Oder die Frau, deren geschwätziger Freund darauf besteht, ständig seine Kommentare abzugeben. Ich habe meine Lieblingssüßigkeit dabei, sitze bequem, und niemand drangsaliert mich. Ich könnte nicht glücklicher sein. Ich bin nicht einsam. Ich bin einfach nur solo.

Introvertierte sind nicht immun gegen Einsamkeit. Wir können inmitten von Leuten einsam sein, wenn wir zu niemandem Kontakt gefunden haben. Wir können auch einsam werden, wenn wir es zugelassen haben, dass die Dynamik der Abgeschiedenheit unser natürliches Bedürfnis nach Gesellschaft ausgeschaltet hat. Allein zu sein ist für Introvertierte immer das Einfachste; es ist der Weg des geringsten Widerstands. Es ist jedoch unsere Aufgabe, die Zeichen in uns zu erkennen, wann wir zu lange zu isoliert waren. Wann wir anfangen, deprimiert zu sein. Wann wir anfangen, uns einsam zu fühlen.

Wir Introvertierten bilden uns fast etwas auf unsere Wertschätzung der Abgeschiedenheit ein. Wir machen keine große Sache daraus, aber wir betrachten die Fähigkeit, Zeit allein zu verbringen, als Kennzeichen für eine interessante Person, für ein Individuum mit Substanz. Natürlich würde es etwas verrückt klingen, wenn wir die Leute drängen würden, mehr Zeit allein zu verbringen, sozusagen als Kontrast zu den Leuten, die uns erzählen, wir sollten mehr unter Leute gehen. Lächeln Sie einfach, wenn Sie das hören. Solche Leute haben das Herz durchaus am richtigen Fleck. Sie sorgen sich vielleicht, dass Sie einsam sein könnten, und es ist nett, dass sie sich darüber Gedanken machen. Aber Sie selbst können sicher sein, dass es prima ist, allein zu sein, solange Sie sich nicht einsam fühlen.

Sind Introvertierte unglücklich?

Forscher bestehen felsenfest darauf, dass Introvertierte unglücklich sind. Ich denke nicht, dass wir Introvertierten unglücklich sind, aber selbst wenn wir es nicht sind, scheint eine ganze Forschungsgruppe, die eine Wechselbeziehung zwischen Extroversion und Glücklichsein herstellt, daran zu arbeiten, uns das einzureden.

Eine Studie aus dem Jahr 2010 berichtet beispielsweise, dass alle glücklicher sind, wenn sie sich wie Extrovertierte verhalten. Das schließt Introvertierte nicht explizit aus, weil sie sich schließlich wie Extrovertierte verhalten können, wenn sie das wollen. Und sicher kann ihnen das unter bestimmten Umständen das Leben erleichtern. Für viele Leute können wir Introvertierten auch glücklicher aussehen, wenn wir uns extrovertiert verhalten, als wenn wir still dasitzen und uns introvertiert verhalten. Dennoch, ist es wirklich richtig zu sagen, dass wir glücklicher *sind*, wenn wir uns wie Extrovertierte verhalten?

Ich habe den führenden Forscher dieser speziellen Studie angerufen, den Psychologen Dr. Will Fleeson von der Wake Forest University, North Carolina, um mit ihm darüber zu sprechen.

»Eine Sache, die meine Studie gezeigt hat, ist, dass die Leute sehr viel flexibler sind, als ihnen klar ist; fast alle zeigen in ihrem alltäglichen Verhalten gewisse Abstufungen der meisten Wesenszüge«, erklärte Fleeson. »Es erweist sich dabei, dass der Unterschied zwischen Introvertierten und Extrovertierten in moderatem extrovertiertem oder introvertiertem Verhalten liegt. Extrovertierte verhalten sich etwas öfter moderat extrovertierter, und Introvertierte verhalten sich etwas öfter moderat introvertierter.«

Okay. Erstens: Beachten Sie, dass er über Verhalten spricht – oder über den *Status* der Extroversion, wovon er den *Wesenszug* der Extroversion unterscheidet, also die angeborene Neigung. Diese spezielle Feststellung bestätigt lediglich, dass Introvertierte, die nicht schüchtern sind, perfekt in der Lage sind, sich extrovertiert zu verhalten, wenn sie das wollen. Das wussten wir bereits. Fleesons Studie suggeriert aber auch, dass sogar diejenigen von uns mit dem Wesenszug Introversion glücklicher sind, wenn sie sich extrovertiert verhalten.

Fleeson führte mehrere Studien durch, bei denen er in unterschiedlichen Intervallen Studenten aufzeichnen ließ, wie extrovertiert sie sich verhielten und wie glücklich sie sich dabei fühlten. Er stellte eine starke Korrelation zwischen extrovertiertem Handeln und dem Gefühl fest, glücklich zu sein – sowohl bei Leuten mit starken extrovertierten Wesenszügen, als auch bei denen mit geringen extrovertierten Wesenszügen. (Wie üblich, wurde die Introversion ausschließlich in Beziehung zur Extroversion bewertet – bei Leuten mit starker Extroversion wurde vorausgesetzt, dass sie geringe introvertierte Wesenszüge hatten, und umgekehrt.)

Als ich mich eingehend mit Fleesons Studien beschäftigte, merkte ich, dass diese letztlich andere Fragen suggerierten als die anfänglich gestellten.

Das Erste, was Fleeson mir erklärte, war, dass er mit einer sehr spezifischen, wissenschaftlichen Definition von Extroversion arbeitete. Nichts in der Art der nach innen oder außen gerichteten Energie à la C.G. Jung. Stattdessen ließ er die Leute beschreiben, wie sie sich fühlten, und ließ sie dabei Wörter verwenden, die, wie er sagte, zur Beschreibung von Extroversion sehr einheitlich verwendet werden: gesprächig, begeistert, durchsetzungsfähig, kühn, energiegeladen. Er verwendete außerdem auch noch eine spezifische Gruppe von Wörtern, um den positiven Affekt (wissenschaftlich für ›glücklich aussehen‹) zu beschreiben: angeregt, enthusiastisch, stolz, munter, interessiert, stark, angeregt, entschlossen, aufmerksam, aktiv.

Aber Moment mal! Sind das nicht auf Extroversion zentrierte Beschreibungen von Gefühlen und glücklichem Verhalten? Was ist mit der introvertierten Version derselben Dinge?

Wo steht beispielsweise geschrieben, dass man sich, um durchsetzungsfähig zu sein, extrovertiert verhalten muss? Auch Introvertierte können durchsetzungsfähig sein. Es kann ziemlich wirksam sein, leise zu sprechen. Wir Introvertierten können in Gesprächen, die uns fesseln, energiegeladen und gesprächig sein, wobei die meisten von uns sich einig sein dürften, dass es in der Welt viel zu viel leeres Geplapper gibt. Ist das extrovertiertes Verhalten? Vielleicht. Vielleicht ist aber auch nur Gesprächigkeit im Sinne von Small Talk extrovertiertes Verhalten, während Gesprächigkeit im Sinne intensiver Gespräche introvertiertes Verhalten ist. Beide Arten von Gesprächigkeit sind ganz einfach verschieden.

Und *deuten Sie nicht einmal an*, dass Introvertierte nicht leidenschaftlich wären. Die größten Gemälde, Literaturwerke und wissenschaftlichen Entdeckungen entstanden sehr wahrscheinlich in einem stillen Raum. Introvertierte sind voller Leidenschaft, nur brodelt diese eher im Inneren.

Noch ärgerlicher sind die Wörter, mit denen Fleeson seine Probanden einen positiven Affekt beschreiben ließ: angeregt, enthusiastisch, stolz, munter, interessiert, stark, entschlossen, aufmerksam, aktiv. Wo sind auf Introvertierte zugeschnittene Begriffe wie: friedlich, zufrieden, engagiert, vertieft, konzentriert, amüsiert, gelassen und ruhig?

Und was ist Enthusiasmus? Muss er unbedingt quirlig und kraftvoll sein? Auch Introvertierte können enthusiastisch sein, auch wenn sie es nicht dadurch äußern, dass sie durchs Zimmer tanzen. Wenn Sie sich die Zeit nehmen, einmal hinzuschauen, werden Sie sehen, dass sich die introvertierte Art von Enthusiasmus vielleicht in einem Aufleuchten in den Augen äußern kann, wenn Introvertierte durch etwas angeregt werden – ähnlich dem zuvor bereits erwähnten albernen Grinsen, das sich auf meinem Gesicht zeigt, wenn ich einen Ort großer Naturschönheit sehe.

Bei seinem Studiendesign hat Fleeson eine übliche Drei-Kriterien-Beschreibung, sozusagen einen »Dreibeinhocker« des Glücklichseins, verwendet, der von Forschern gerne gewählt wird. Er berücksichtigte jedoch nur ein Bein des Dreibeinhockers – den positiven Affekt, auf den alle diese energiegeladenen, angeregten und enthusiastischen Begriffe passen. Es ist die Art von »glücklich«, die andere sehen können: ein sichtbares, äußerliches und lautes Glück.

Fleeson berücksichtigte in seiner Studie das zweite »Hockerbein« nicht, die Lebenszufriedenheit. Diese ist eher kognitiv als emotional. Sie bedeutet, dass man, auch wenn man sich momentan nicht besonders gut fühlt, dennoch weiß, dass das eigene Leben insgesamt recht gut ist. Und das dritte Bein des Hockers ist die Abwesenheit negativer Affekte – *keine* Angst, Furcht, Wut oder Frustration zu empfinden, was bedeutet, dass Sie ruhig sind und Ihren Frieden mit der Welt haben. Diese Art Emotion sagt mir »introvertiert«. Dieses Kriterium berücksichtigte Fleeson in seiner Studie jedoch ebenfalls nicht, sodass man einwenden kann, dass Begriffe, die das introvertierte Glücklichsein beschreiben, in Fleesons Bewertung von Glücklichsein nicht einmal eingeflossen sind. Damit ist Fleesons Glücks-Hocker überaus wacklig. Er neigt sich zum Glücklichsein im extrovertierten Stil.

Hier noch eine weitere Interpretation der extrovertierten Glücks-Gleichung: Vielleicht wirken Extrovertierte glücklicher, weil sie um alles mehr Aufhebens machen.

Die Psychologin Dr. Donna McMillan stellte fest, dass Extrovertierte beim Ausfüllen verschiedener Fragebögen, die in der psychologischen Forschung häufig verwendet werden, wie Tests mit der Likert-Skala (dabei werden Antworten beispielsweise »auf einer Skala von Null bis Zehn« gegeben), eher extreme Antworten wählten als Introvertierte. Beispielsweise kreuzen Extrovertierte, wenn Sie von Eins bis Fünf bewerten sollen, wie glücklich sie sind, eher *Fünf! Juhuu!* an als Introvertierte.

Vielleicht liegt das daran, dass Extrovertierte wirklich glücklicher sind als Introvertierte. Vielleicht liegt es aber auch daran, wie McMillan andeutet, dass Extrovertierte eine stärkere kortikale

Stimulation brauchen als Introvertierte und das Ankreuzen einer hey-super-Fünf stimulierender ist als das einer langweiligen Vier. Wir wissen also nicht, ob das Glück der Extrovertierten tatsächlich bis zur Fünf aufgedreht ist oder ob es einfach nur ihre Art ist, es mitzuteilen.

In dieser Hinsicht habe ich zu Fleesons Studie keinen weiteren Diskussionsbedarf. Wer diese überschäumende Art energiegeladenen Glücks empfinden möchte, erreicht dies, indem er gesellig, enthusiastisch und gesprächig ist. Das nehme ich so ab. Wenn wir energiegeladen und gesellig handeln, fühlen wir uns energiegeladen und gesellig. William James äußerte in den 1880er-Jahren im Wesentlichen dasselbe mit seiner Theorie, dass sich die Emotion dem Verhalten anpasst. Aber ist das wirklich die Art von Glück, die wir ständig haben wollen? Dieses Glück ist vergänglich, und für Glück, das die Mitwirkung anderer Menschen braucht, gilt das in doppeltem Maß.

Was würde geschehen, wenn Glücksbegriffe im introvertierten Stil mit in die Studie aufgenommen würden? Es würde sich eine Menge ändern. Gut möglich, dass die Wissenschaft zeigen würde, dass wir Introvertierten ebenso glücklich sind wie Extrovertierte, nur eben auf unsere eigene, leise und ruhige Art.

Wer ist nun ein Narzisst?

Selbst wir Introvertierten sorgen uns manchmal, unsere Konzentration auf unser Inneres könnte uns zu Narzissten machen. Sigmund Freud bezeichnete uns als Narzissten. Auch andere sagen das. »Meine Mutter sagt immer, das sei nur eine Form von Selbstsucht, die ich überwinden solle«, klagte eine Introvertierte.

Dieser Vorwurf ist mit der falschen Wahrnehmung verknüpft, dass Schüchternheit und Introversion dasselbe seien. Schüchternen Menschen wird Narzissmus vorgeworfen, weil sie sich angeblich davor fürchten, jeder könnte jede ihrer Bewegungen beobachten. Aber ist das korrekt? Trifft das auf Schüchternheit zu? Ist Introversion narzisstisch?

Zuerst einmal müssen wir unterscheiden zwischen »offenem Narzissmus« – dem grandiosen, von sich selbst eingenommenen Narzissmus, der das Leben durcheinanderbringt – und »verdecktem Narzissmus«, der verletzlich und ängstlich macht.

Verdeckter Narzissmus ist die »ängstliche Beschäftigung mit sich selbst«, sagt der Psychologe Jonathan Cheek, Mitgestalter einer viel genutzten Skala – der Cheek & Buss-Skala – zur Messung von Schüchternheit. »Es ist nicht so, dass die Person impulsiv oder aggressiv einer Präferenz für sich selbst nachgibt. Beide Arten von Narzissmus sind durch übermäßige Fokussierung auf sich selbst gekennzeichnet, aber ich halte die Unterscheidung für sehr wichtig.«

Obgleich Cheek die Schüchternheit untersucht, die, wie wir bereits begründet haben, nicht dasselbe ist wie Introversion, lohnt es sich, einen Blick auf seine Forschungsarbeit zu werfen, um zu versuchen, sie in unser Verständnis von Introversion einzufügen.

Die Cheek & Buss-Skala stellt fest, dass es höchst unwahrscheinlich ist, dass schüchterne Menschen offene Narzissten sind. Sie können mit dem Problem des verdeckten Narzissmus zu kämpfen haben, aber das ist für sie selbst schwieriger als für irgendjemandem in ihrem Umfeld. Es ist daher nicht völlig falsch, schüchternen Introvertierten einen gewissen Narzissmus vorzuwerfen, nur ist dies keine Art von Narzissmus, die irgendjemand anderen belästigen würde.

Während der offene Narzissmus – eine zerstörerische Kombination aus Charme, Ansprüchen und fehlender Empathie – eine Spur von Tränen hinterlässt, sind verdeckte Narzissten einfach nur befangen. Sie zu schelten führt zu nichts. (Offene Narzissten zu schelten führt ebenfalls zu nichts, aber aus anderen Gründen.) Und sie verdienen das auch nicht. Sie wissen, dass sie gehemmt sind, und haben daran keine Freude.

Und wie ist es mit nicht-schüchternen Introvertierten? An diesen haftet das Narzissmus-Etikett überhaupt nicht. Sie haben nicht das Gefühl, von allen beobachtet zu werden, und verlangen das auch nicht.

Ich vermute, dass Introversion mit Narzissmus in Verbindung gebracht wird, weil wir Introvertierten so viel Zeit in unseren eigenen Köpfen verbringen, als könnten wir nicht genug von uns bekommen. In gewisser Weise ergibt das einen Sinn, ja. Aber selbst in unseren eigenen Köpfen sinnieren wir nicht unbedingt über uns selbst. Wir denken über alles Mögliche nach. Wir achten vielleicht sogar auf alles, was um uns herum vorgeht, auch wenn wir in keine Interaktion treten. Vielleicht sind wir durch unser Stillsein sogar in der Lage, mehr auf alles um uns herum zu achten.

Und, was am allerwenigsten narzisstisch ist: Wir wollen nicht unbedingt Aufmerksamkeit bekommen. Wir sitzen nicht schweigend da, um andere Menschen anzulocken, damit sie uns da herausziehen. Wir wollen niemanden ködern. Wir sitzen still da, weil wir das eben gerade machen. Einige deuten das falsch, so in der Art, wir würden dasitzen und jeden auf der (wörtlich und im übertragenen Sinn) Tanzfläche schweigend beurteilen. Es macht sie nervös oder wütend oder feindselig. Dann fangen sie an, uns Vorwürfe zu machen, uns beispielsweise Narzissten zu nennen. – Das sind wir aber nicht.

Wenn Sie nicht das Gefühl haben, dass aller Augen ständig auf Sie gerichtet sind, leiden Sie nicht an verdecktem Narzissmus. Wenn Sie nicht möchten, dass aller Augen ständig auf Sie gerichtet sind, sind Sie kein offener Narzisst. Wenn irgendjemand versucht, Sie in diese Schublade zu stecken, errichten Sie einfach Ihr selbstbewusstes Kraftfeld und lassen Sie den Vorwurf daran abprallen.

Eigentlich gibt es Argumente dafür, dass Extrovertierte Narzissten sind. Sie sind schließlich diejenigen, die es nötig haben, jeden in ihrer Umgebung zu bezaubern; es sind sie, die denken, ihre geringste Aussage sei es wert, geäußert zu werden, die sich voll entfalten, wenn man ihnen Aufmerksamkeit schenkt. Das scheint mindestens ebenso narzisstisch zu sein, wie still dazusitzen und mit der eigenen Gesellschaft zufrieden zu sein.

Narzissmus ist nicht immer schlecht. Narzissmus kann adaptiv sein – also gesund. Adaptiver Narzissmus trägt zum Selbstvertrauen und Charisma des Extrovertierten bei. Auch wir Introvertierten machen Gebrauch von dieser Art Narzissmus, wenn wir unser extrovertiertes Gesicht aufsetzen. Und es ist die Art Narzissmus, der wir immer dann nachgeben, wenn wir beschließen, unsere eigene Gesellschaft in diesem Moment interessanter als jede andere verfügbare Option zu finden.

Vielleicht haben wir alle einen kleinen Narzissten in uns. Er hilft uns, jeden Tag aufzustehen und zu tun, was zu tun ist. Sicher, Narzissmus kann auch eine schlechte Wendung nehmen, auf der extrovertierten Seite lässt er dann Bauernfänger entstehen und unter den Introvertierten Menschenfeinde. Dennoch ist die Wahrscheinlichkeit, dass Introvertierte Narzissten sind, nicht größer und nicht kleiner als bei den Extrovertierten. Narzissmus und Introversion gleichzusetzen ist Resultat einer fehlerhaften Logik. Introvertierte können narzisstisch sein. Falls dies so ist, sind sie introvertiert und narzisstisch und nicht narzisstisch, weil sie introvertiert sind.

Über die Vorteile der Extrovertierten

Wahrscheinlich haben Sie gehört, dass Extrovertierte allerorten im Vorteil sind. Sie sind geselliger; sie finden leichter Anschluss; sie haben beruflich Erfolg; sie sind die besseren Führungskräfte; sie leiden weniger unter Stress, weniger unter Depressionen; sie sind optimistischer; sie haben ein besseres Gedächtnis. Eine Studie behauptet sogar, dass sie stärker sind und besser aussehen, weil gut aussehende Babys mit mehr Aufmerksamkeit belohnt werden, was sie wiederum dazu bringt, mit größerer Kontaktfreudigkeit zu reagieren.

Das reicht aus, selbst den stolzesten Introvertierten zu entmutigen. Was können wir Introvertierten angesichts des wissenschaftlichen Nachweises unserer Nachteile tun? – Sie vom Tisch wischen.

Erstens sind die Vorteile lediglich ein kulturelles Konstrukt. Das mag alles auf Extrovertierte in beispielsweise Nordamerika oder dem Westen zutreffen, aber das ist nur ein Stückchen der Welt. Eine Studie stellte fest, dass in China Kinder, die als sensibel und ruhig gelten, bei Gleichaltrigen beliebt sind, während ein solcher Kindertyp in Kanada beispielsweise auf weniger Beliebtheit trifft. Also ist Extroversion eindeutig nur in einigen Kulturen ein Vorteil.

Aber selbst in unserer eher extrovertiert-freundlichen Gesellschaft lässt sich jeder Vorteil von Extrovertierten in einen Nachteil umkehren. Und umgekehrt.

Ich behaupte nicht, dass Introversion besser ist als Extroversion. Aber ich sträube mich gegen die Behauptung, dass Extroversion besser sei als Introversion.

Beispielsweise diese Behauptung mit dem Gedächtnis. In einer Studie, die ich gelesen habe, wird gesagt, dass Introvertierte für Erinnerungsverfälschungen anfälliger seien als Extrovertierte. Die Probanden bekamen eine Liste mit verwandten Wörtern (Tisch, sitzen, Beine, Sitz, Couch) und wurden gebeten, sie aus dem Gedächtnis wiederzugeben. Introvertierte fügten der Liste ziemlich wahrscheinlich beispielsweise »Stuhl« hinzu, da es einen Bezug zu den anderen Wörtern hat, auch wenn es in der Liste nicht aufgeführt war.

Klingt für mich ziemlich wohlüberlegt. Sogar kreativ. Extrovertierte nehmen vielleicht alles wörtlicher und sehen nicht hinter das, was sie direkt vor sich haben. Vielleicht sind sie weniger intuitiv.

Vielleicht leiden Extrovertierte weniger unter Stress. Möglicherweise liegt das daran, dass sie nicht so sehr über alles nachdenken wie Introvertierte. Oder es könnte daran liegen, dass sie dafür belohnt werden, sie selbst zu sein, während Introvertierte gedrängt werden, sich anders zu geben (und zwar extrovertiert).

Sind Extrovertierte weniger depressiv? Okay, über Depression etwas Positives zu sagen ist schwer; wenn es jedoch der Preis ist, den einige von uns Introvertierten dafür bezahlen müssen, dass sie tiefgehend denken und fühlen, müssen wir einfach lernen, gut damit umzugehen. Ich bin überzeugt vom Yin und Yang des Lebens. Glücklichsein ist so viel süßer, wenn man traurig gewesen ist. Und Traurigkeit ist häufig der erste Schritt zur Erkenntnis. (Tiefsinnig, oder?)

Vielleicht haben Extrovertierte mehr Freunde. Das ist keine Überraschung, denn Introvertierte wünschen sich gar nicht so viele Freunde. Wenn aber ein Extrovertierter behauptet: »Man kann doch gar nicht genug Freunde haben!«, impliziert dies nicht auch, dass es nie genug sind? Unterschreitet er fortwährend die »genügende« Anzahl? Introvertierte haben vielleicht vier Freunde und finden, das sei mehr als genug. Könnte das bedeuten, dass Introvertierte tatsächlich »erfolgreicher« Freundschaften gewinnen? Einfach nur als Denkanstoß.

Beruflicher Erfolg? Die Aussage, dass Extrovertierte beruflich erfolgreicher seien, gehört zu dieser Art weitverbreiteter Weisheit, die gar nicht so weise ist. Verdienen sie mehr Geld? Fragen Sie den introvertierten Warren Buffett. Sind sie berühmter? Fragen Sie den introvertierten Steve Martin. Vielleicht geben Extrovertierte mit ihrem Erfolg eher an oder rücken sich ins Licht der Öffentlichkeit, sodass die Leute ihren Erfolg wahrnehmen. Dann sprechen wir jedoch von der Sichtbarkeit des Erfolgs, nicht von einem messbaren Erfolg.

Und wenn Sie diese Art Sichtbarkeit als einen Maßstab für Erfolg betrachten, folgt dann daraus nicht auch, dass sie ein Maßstab für Misserfolg ist? Wenn eine Persönlichkeit mit hohem Bekanntheitsgrad zusammenbricht, weil sie sich übernommen hat, ist das Scheitern dann größer als bei jemandem, der in aller Stille zusammenbricht, weil er sich übernommen hat?

Ein Artikel in *USA Today*, der 2006 erschien, wies darauf hin, dass vier von zehn leitenden Angestellten introvertiert sind. Eine neuere Studie der Harvard University stellte fest: Während extrovertierte Führungskräfte Teams mit eher passiven Angestellten (in dieser Studie auch als ›weniger extrovertiert‹ definiert) erfolgreich führen, brauchen initiative Angestellte eine andere Art Führungskraft – nämlich eine introvertierte. Extrovertierte Führungskräfte fühlen sich durch ein Team, das eigene Ideen hat, leicht etwas bedroht. Die Angestellten in dieser Studie empfanden ihre extrovertierten Führungskräfte als nicht sonderlich empfänglich für ihre Ideen. Bei einer extrovertierten Führungskraft und einem Team aus Extrovertierten kann es zu einigen Rangeleien um die Position und das jeweilige Podium kommen. Anhand dieser Studie scheint es so zu sein, dass eine introvertierte Führungskraft nicht nur für die Ideen offen ist, die aus einem extrovertierten Team kommen, sondern auch besser in der Lage ist, sich mit all diesen Ideen in ein stilles Kämmerlein zurückzuziehen, um sie durchzusehen und zu prüfen.

Hier haben wir auch wieder dieses Yin und Yang. Steve Jobs war extrovertiert, sein Partner Steve Wozniak introvertiert. Zusammen haben sie, das kann man ohne Übertreibung sagen, die Welt verändert.

Der angebliche Vorteil der Extroversion ist ein unzutreffendes Konstrukt, eine Bewertung anhand extrovertierter Maßstäbe. Wenn wir nämlich anfangen, anhand introvertierter Maßstäbe zu bewerten, stellen wir fest, dass Extrovertierte zurückfallen. Was wäre beispielsweise, wenn man anfinge, substanzielle Gedanken im Verhältnis zu nichtssagenden Nettigkeiten zu bewerten, die tagtäglich geäußert werden? Ein Punkt für die Introvertierten. Was wäre, wenn man die Zeit werten würde, die produktiv und allein verbracht wird, verglichen mit der Zeit, die bei albernem Zeitvertreib mit anderen verbracht wird? Wieder ein Punkt für die Introvertierten. Was wäre, wenn man sorgfältig geschriebene E-Mails für wertvoller betrachten würde als ausschweifende Telefonate? Wieder ein Punkt für die Introvertierten.

Extrovertierte sind nicht immer und überall im Vorteil. Uns Introvertierten gelingt ebenso viel. Wir prahlen nur nicht gerne damit.

Das Party-Dilemma

Wären Partys Achterbahnen, so wären Extrovertierte die Mitfahrer, die mit den Armen in der Luft *Juhuuuu!* schreien, und Introvertierte die Mitfahrer, deren Fingerknöchel weiß werden, weil sie sich so festklammern.

Einige Introvertierte verabscheuen Partys, ohne sich dafür zu verteidigen, und nehmen solche Einladungen einfach nicht an. Das ist in Ordnung. Ich verstehe das. Für sie gibt es da kein Dilemma. Keine Partys, keine Probleme.

Ich jedoch bin keine absolute Partyhasserin, sondern betrachte Partys als eine Art gesellschaftlichen Vertrag, den wir mit Freunden schließen. Partys von Freunden zu besuchen gehört zu den Freundlichkeiten, die wir auf diejenigen ausdehnen, die so nett sind, Partys zu geben. Da ich selbst bereits Partys gegeben habe, ist mir die Sorge »Was ist, wenn niemand kommt?« ebenso vertraut wie die Enttäuschung, wenn sich einige Freunde dort nicht zeigen. Wenn daher Freunde eine Party geben, gehe ich normalerweise hin und gebe mir alle Mühe, meine Pflichten als Gast zu erfüllen. Ich bleibe vielleicht nicht lange, und manchmal gelingt mir die Pflichterfüllung nicht, aber ich versuche es zumindest.

Große Partys können zäh sein, aber manchmal muss man sich einfach aufraffen. Da fallen mir Hochzeiten und andere denkwürdige Ereignisse ein. Bei einem wirklich großen Fest braucht man zum Glück nur so lange zu bleiben, bis der Gastgeber von einem Notiz genommen hat. Ich war schon auf Partys, auf denen ich nicht einmal so lange blieb, wie ich vorher gebraucht hatte, um mich in meine Partykleidung zu werfen und mich zu schminken. Manchmal fand ich eine kleine Party mitten in der großen Fete und blieb dort hängen. Meiner Meinung nach ist es auch kein Muss, sich auf Partys unter die Leute zu mischen.

Einmal ging ich zu einer großen, festlichen Hochzeitsfeier für die Tochter einer Freundin, schaltete jedoch total ab. Ich betrat den von Lärm erfüllten Raum voller glücklicher, mir fremder Menschen und wurde katatonisch. Es war für mich eine schreckliche Erfahrung. Ich war ungeschickt, mein Small Talk war unnatürlich, ich war unabsichtlich unhöflich. Ich vergaß die Namen der Leute, klebte an dem Paar, mit dem ich gekommen war, und flüchtete, sobald ich konnte.

Ich benehme mich auf Partys nicht immer so schlecht, aber man weiß nie, ob das passieren wird. Folglich nähere ich mich Partys mit Beklommenheit.

Ich gehe nicht auf Feste, um neue Leute kennenzulernen, sondern um mit Leuten, die ich kenne, zu feiern. Daher ist es angenehm, selbst eine Party zu geben. Ich kenne dann praktisch jeden und habe meine Aufgaben: die Neuankömmlinge begrüßen, dafür sorgen, dass sie etwas zu trinken haben, das Essen immer wieder auffüllen. Wegen dieser Aufgaben komme ich überall herum. Ich plaudere mit Leuten, aber ich bin immer dorthin unterwegs, wo etwas zu tun ist. Im Grunde tue ich so, als würde ich mich unter die Leute mischen. Ich freue mich aufrichtig, meine Freunde zu sehen und dafür zu sorgen, dass es ihnen gefällt, aber mein Gehirn hat sich auf seinen stillen glücklichen Platz zurückgezogen und steht für Kompliziertes nicht zur Verfügung.

Eine meiner Leserinnen schrieb, sie ginge gerne zeitig zu Partys, um mit den Gastgebern warm zu werden und sich ruhig mit anderen Gästen zu unterhalten, bevor der große Lärm einsetzt. »Aber«, fuhr sie fort, »wenn ich bis zum Ende durchhalte, ist mein liebster Teil normalerweise das Ende, nachdem die meisten Gäste gegangen sind. Es sind nicht mehr viele Gäste übrig, und die werden ruhiger und etwas lockerer. Einige meiner besten Partygespräche hatte ich in dieser Zeit. Es ist auch der Moment, in dem sich die Gastgeber endlich entspannen können.«

Kleine Partys oder Essenseinladungen sind nett. Sie sind ruhiger, man hat Zeit und Muße, mit den anderen Essensgästen Kontakt zu bekommen. Wenn kleine Partys jedoch kein Vergnügen sind, ist es schwierig, sich zu verdünnisieren. Denn dort kann man nicht nur einmal kurz auftauchen. Die Leute nehmen davon Notiz, wann man kommt und wann man geht. Man muss sich reihum verabschieden. Das kann unangenehm sein, wenn man geht, bevor die anderen dies für angebracht halten. (Unangenehm, aber nicht Ihr Problem.) Partys mit zehn bis zwanzig Gästen sind eine Lotterie. Man geht hin und versucht sein Glück. Es kann vergnüglich werden.

Partys sind ein Teil der menschlichen Erfahrungen, und sie können erfreulich sein. »Sie wissen nie, was auf einer Party geschehen wird, es kann überraschend lustig sein«, schrieb eine Introvertierte. »Nehmen Sie sich vor, eine Stunde zu bleiben, und schauen Sie, wie Sie sich nach Ablauf dieser Zeit fühlen.«

Daher besuchen selbst diejenigen unter uns Introvertierten Partys, die ihnen mit Furcht und Beklommenheit entgegensehen. Wir besuchen sie weiterhin, weil sie uns zeitweilig bestärken: Wir haben einfach oft genug Spaß dabei, um immer wieder Partyeinladungen anzunehmen. Manchmal treten wir über die Schwelle und werden katatonisch, manchmal bleiben wir dort und sind so verkrampft, dass unsere Knöchel weiß werden, gelegentlich werfen wir die Arme in die Luft und rufen: *Juhuuuuu!*

Aber wie auch immer es wird, nur selten tut es uns leid, wenn es Zeit wird, nach Hause zu gehen.

Überlebensstrategien für Partys

Jeder Introvertierte kennt dieses außerordentliche Vergnügen, von dem Lärm einer Party weg auf die Toilette zu gehen und die Türe hinter sich zu schließen. Er ist dann allein. Der Klamauk klingt gedämpft. Niemand befindet sich in seinem nun persönlichen Raum. Niemand spricht. Die Toilette bietet einen stillen Zufluchtsort, schenkt ihm einen Moment, um sein übermäßig stimuliertes Gehirn entspannen zu können, einen Augenblick glückseliger Abgeschiedenheit. Ob er nun auch ein entsprechendes menschliches Bedürfnis verspürt oder nicht, der Gang zur Toilette war zwingend.

Selbst gute Partys, auf denen wir Introvertierten Spaß haben, fordern von unserem Gehirn ihren Tribut. Wenn wir eine Hoffnung haben, die Party durchzustehen, brauchen wir Strategien und Taktiken. Wie eben eine Pause auf der Toilette. Jemand, der einmal bei einer Party darauf geachtet hat, wie oft ich auf die Toilette ging, wird vermutet haben, dass ich an irgendeiner Blasenstörung leide. Aber nein, ich mag die Toilette ganz einfach, wo ich mich wieder sammeln und einiges aus den Ohren schütteln kann, was ich mir anhören musste und was mein Gehirn verstopfte.

Auch Bücherregale bieten eine Rückzugsmöglichkeit auf Festen. Bücher sind vertraute, stille Freunde. Man kann dem Raum ein paar Minuten den Rücken kehren, um die Bibliothek des Gastgebers zu studieren, und es ist, als existiere der Tumult hinter einem kaum noch. Manchmal tue ich nur so, als würde ich mir die Bücher anschauen, nur, um mich umdrehen und zu Atem kommen zu können. Ich kenne sogar eine Frau, die auf Partys ein Buch auf die Toilette mitnimmt und ein paar Minuten liest. Eine Art introvertiertes Multitasking.

Auch Haustiere geben einem die Gelegenheit, die Leute einen Moment zu ignorieren. Es kann so erholsam sein, sich auf den Boden zu knien und sich ein paar Minuten mit einem Vierbeiner zu beschäftigen. So ein Tier verlangt nichts von einem. Manchmal schnurrt es sogar, wenn es diese Art Haustier ist. Ansonsten macht es auch Spaß, ein Schwanzwedeln zu ernten.

Noch immer vermisse ich das Rauchen, das ich vor einigen Jahren aufgegeben habe. Ich liebte es, bei einer Party auf eine Zigarette hinauszugehen. Draußen ist es normalerweise dunkel und still und man kann Teil einer kleinen Untergruppe der Party werden: der Gruppe der Raucher/der Ausgestoßenen. Natürlich kein guter Grund weiterzurauchen, aber für uns Introvertierte waren das gute Zeiten.

Entwischen ist eine Überlebenstaktik, sich beschäftigen eine andere. Einige Introvertierte werden gerne zu Küchenfeen, sorgen für frische Gläser, wischen Tische ab und servieren Getränke. Auf diese Weise lernen sie zweckgerichtet eine Menge Leute kennen. Zudem zieht es die Gäste auf den meisten Partys in die Küche, sodass sie mitten im Geschehen sind, ohne sich aktiv unter die Leute begeben zu müssen.

Ein Introvertierter ernannte sich zum inoffiziellen Fotografen bei einem Klassentreffen. »Ich hatte einen Mordsspaß«, sagte er. »Ich habe mehr fotografiert als irgendjemand sonst, und es waren in der Regel die besten Aufnahmen des Abends. Das Beste von allem war, dass ich mich nicht langweilte und nicht nach einer halben Stunde gehen musste, wie es ohne Fotoapparat in der Hand wahrscheinlich gekommen wäre.«

Eine andere Introvertierte erzählte, es verschaffe ihr eine ruhige Distanz, auf einer großen Party einfach überall herumzugehen. »Ich bin unter den Leuten, aber nicht gezwungen, ein Gespräch zu beginnen, solange ich es nicht will. Und wenn irgendwo ein Spiel, Musik oder ein Video läuft, kann ich mich dort hinstellen und eine Weile zuschauen oder zuhören.«

Eine Introvertierte, die unbedingt auf einer Party erscheinen musste, von der sie wusste, dass sie sie erschöpfen würde, verabredete mit einer introvertierten Freundin, dass diese sie zu einer bestimmten Zeit anrufen würde, sodass sie sagen konnte: »Ich muss mal eben mit einer Freundin telefonieren.« »Ich hatte eine nette Pause im Auto, führte ein wirklich bedeutungsvolles Gespräch, bevor ich wieder ins Haus zurückging, um dort mit Leuten, mit denen ich keine Gemeinsamkeiten habe, nutzlos zu plaudern«, sagte sie. Und da der Anruf ja tatsächlich stattfand, musste sie nicht einmal lügen, als sie erklärte, eine gute alte Freundin habe angerufen, mit der sie lange nicht gesprochen hätte.

Meine wichtigste Partystrategie sieht so aus, dass ich mich irgendwo hinstelle, um Zeit zu schinden. Dafür suche ich mir bequeme Stellen aus, die einerseits nicht im Weg sind und andererseits in der Nähe des größten Trubels, sodass irgendwann jeder einmal bei mir vorbeikommt. Eine Art passives Unter-die-Leute-Mischen. Ich habe ein bisschen Small Talk, dann geht derjenige weiter, und ich kann auf den nächsten warten. Ich bin so etwas wie ein Meeresschwamm, der sich von Plankton ernährt. Nur bin ich besser angezogen.

Es gibt kein Gesetz, das vorschreiben würde, dass jeder gerne auf Partys gehen muss, und wenn Sie mit absoluter Sicherheit wissen, dass Sie Partys nicht ertragen, besteht die Lösung darin, Einladungen höflich abzulehnen. Irgendwann wird man Sie nicht mehr einladen, und damit wird es Ihnen vermutlich gut gehen. Ich persönlich wäre jedoch verletzt, wenn ich nie mehr zu Partys eingeladen würde. Ich hasse sie nicht, und ich mag die Leute, die Partys geben. Ich nehme mir jedoch das Recht, Partys auf meine Art zu genießen, was bedeuten kann, dass ich mich weniger lang unter die Leute mische und stattdessen mehr Zeit auf der Toilette verbringe, wenn es sein muss. Und in der Regel muss das sein.

Die Hölle muss eine Cocktailparty sein

Woran liegt es, dass mir oberflächliches Geplauder meine Lebenskraft entzieht?

Das ist die große Frage. Zuerst jedoch eine kurze Verteidigung des Small Talks. Small Talk ist sozusagen der Kontaktspray der Gesellschaft. Er verfolgt einen Zweck, vielleicht sogar viele: Austausch von ein paar Nettigkeiten mit einer Verkäuferin, ein kleiner Scherz mit der Empfangsdame des Zahnarztes, ein bisschen locker-leichtes Kennenlern-Geplänkel mit einem Fremden auf einer Party – all das sorgt für eine reibungslose Funktion des gesellschaftlichen Getriebes, lässt die Welt freundlicher erscheinen und sorgt dafür, dass unsere sozialen Fähigkeiten nicht verkümmern.

Es tut uns Introvertierten gut, immer wieder einmal unsere einzelgängerische Natur zu überwinden, um – wenn auch nur beiläufig – mit anderen Menschen Kontakt aufzunehmen. Introvertiert zu sein bedeutet meiner Meinung nach nicht, isoliert zu sein, und sollte es auch nicht bedeuten. Sicherlich müssen wir unser Bedürfnis nach Abgeschiedenheit respektieren, jedoch sollten wir auch dem Nutzen zwischenmenschlicher Kontakte den gleichen Respekt entgegenbringen. Falls wir dafür manchmal unsere Komfortzone verlassen müssen, dann ist es eben so. Manchmal sind Dinge gut für uns, die wir eigentlich nicht mögen. So ist das Leben.

Leichtes Geplauder ist das Tor zu einer Freundschaft, ein notwendiges Ritual, bevor man versuchen kann, ein tiefgründigeres Gespräch zu führen. Man findet keine Freunde, wenn man mit den Leuten nicht redet, und es kann abschreckend sein, sofort direkt eine tiefsinnige philosophische Diskussion anzufangen. Sie könnte auch zu rascher Erschöpfung führen – ein Aufflackern gesprächiger Hitze und dann, na ja, hm, okay … es war nett, sich mit Ihnen zu unterhalten. Alle menschlichen Verbindungen in der Welt beginnen mit belanglosem Geplauder, daher ist es weder eine Option noch ein angenehmer Gedanke, sie völlig zu meiden.

Das Problem dabei ist, dass belangloses Geplauder meist zum Selbstzweck wird. Vor allem in Situationen, in denen erwartet wird, dass man von einem zum anderen geht. Wie auf Cocktailpartys. Cocktailpartys sind quasi definitionsgemäß die Brutkästen des beiläufigen Geplauders. Es sind Veranstaltungen, auf denen Kontakte geknüpft werden, und dabei können sich Extrovertierte hervortun. Für Introvertierte hingegen sind Cocktailpartys besonders mühsam.

Mir geht es sehr schlecht auf Cocktailpartys. Ich stehe wie erstarrt, einen Drink in der Hand. Das Gequassel regt mich auf. Ich kann nicht herumwandern, weil mein Geist nicht wandert. Ich vergesse die Namen der Leute und stelle, selbst wenn sie ihre Namen nennen, fest, dass ich sie mir nicht merke. Ja, ich habe von den vielen Tricks gehört, wie man sich Namen besser merken kann, aber ich vergesse, sie anzuwenden. Es ist einfach zu viel los. Eine Cocktailparty ist rundherum ein Anlass, bei dem im übertragenen Sinn meine Fingerknöchel vor Anspannung weiß werden. Also will ich nicht lügen: Ich versuche, Cocktailpartys zu meiden. Wenn es der Sinn einer Cocktailparty ist, Leute kennenzulernen und Kontakte zu knüpfen, und ich so schlecht darin bin, dann sehe ich keinen Grund hinzugehen.

Natürlich sind Cocktailpartys nicht die einzigen Gelegenheiten, bei denen diese Art von Geplauder stattfindet. Jeden Tag sind wir von solchem Gequassel umgeben. In einer zivilisierten Gesellschaft ist es eine Lebensnotwendigkeit, die nicht verhandelbar ist. Also müssen wir Introvertierten lernen, zumindest eine vertretbare naturgetreue Nachbildung hinzubekommen. Und sogar Wege zu finden, Spaß dabei zu haben.

Das Wichtigste, was ich über Small Talk gelernt habe: Es wird nicht erwartet, dass er besonders spannend ist. Erwünscht wird lediglich ein freundlicher Kontakt. Oder, wie es ein Introvertierter formulierte: »Es geht nicht um den Inhalt, sondern um die Aktion.« Versuchen Sie, weder sich selbst noch Ihren Gesprächspartner zu verurteilen, wenn Ihr Small Talk so gehaltlos klingt. Das spielt keine Rolle. Wenn man ein tiefsinniges Gespräch mit einer Doktorarbeit vergleicht, ist leichtes Geplauder ein Blog. Vielleicht sogar ein Tweet. Es ist einfach nur eine Art anzuerkennen, dass das Gegenüber eine menschliche Person ist. Lässt man es einfach das sein, was es ist, wird viel Druck von einem genommen. Leichtes Geplauder verlangt nicht die volle Aufmerksamkeit, es muss keinen Standpunkt enthalten, und es ist auch unwichtig, ob kleine Scherze verpuffen. Niemanden kümmert das. Was sich jedoch alle merken, ist, ob Sie gelächelt und einigermaßen passende Antworten gegeben haben.

Manchmal hat Small Talk natürlich auch eine gewisse Bedeutung, beispielsweise bei einer Veranstaltung in der Firma und bei Netzwerk-Events. Gelegentlich müssen Sie entscheiden, ob Sie in der Lage sein werden, einen ausreichend guten Eindruck zu hinterlassen, sodass Sie sich dort blicken lassen können. Haben Sie allerdings den Eindruck, es ist eine dieser Veranstaltungen, die Sie in einen Zustand der Gehirnblockade versetzen wird, warum sollten Sie sich dann damit quälen? Wenn Sie sich unbedingt dort zeigen müssen, dann zeigen Sie sich einfach nur. Niemand schreibt ihnen vor, dass es Ihnen gefallen muss. Betrachten Sie es als Job. Peilen Sie nur wenige Leute an, schütteln Sie einige Hände, schlagen Sie jemandem auf die Schulter und machen Sie sich wieder aus dem Staub. Möchten Sie dann einige der dort geknüpften Kontakte vertiefen, beeindrucken Sie diese Leute auf Ihre spezielle introvertierte Art mit einer ergänzenden, auf Ihre Unterhaltung Bezug nehmenden E-Mail.

Manchmal können Sie sich aktivem Palaver entziehen, indem Sie sich an einen extrovertierten Menschen hängen und ihn oder sie machen lassen. Stellen Sie ein paar gute Fragen, um Ihr Gegenüber zum Reden zu bringen, dann brauchen Sie nur noch lächelnd zuhören, bis Sie sich irgendwann entschuldigen, um auf die Toilette zu gehen. – Man wird Sie als absolut charmant in Erinnerung behalten.

Falls ausgedehnter Small Talk unvermeidlich ist (beispielsweise ein ganzer Tisch mit weiteren Freunden von den Freunden der Braut), behalten Sie die Kontrolle und streben Sie nach einer Mitte zwischen tiefgründigem Gespräch und trivialem Gequassel. Stellen Sie Fragen, auf die es interessante Antworten geben könnte. Nutzen Sie Ihr introvertiertes Radar, um einen interessanten Aspekt einer Person anzupeilen und das Gespräch darauf zu lenken. Vielleicht erfahren Sie sogar etwas, was Sie bisher nicht wussten. Zum Beispiel: Wie geht es am 14. April im Büro eines Steuerberaters zu? [Anm. d. Übers.: Am 15. April müssen in den USA die Steuererklärungen abgegeben werden.] Was bringt der Sozialkundelehrer seinen Schülern an der höheren Schule über die 1960er-Jahre bei? Warum ist ein bestimmter Standort geeignet für eine chemische Reinigung? »Warum«-Fragen sind gut. Die Antworten müssen nichts Spannendes ergeben, aber zumindest sollten sie etwas Substanz haben.

Es kann natürlich auch gefährlich sein, Fragen zu stellen. Wenn Sie unbeabsichtigt eine Plaudertasche animieren, haben Sie zwei Möglichkeiten: Sie können ein höfliches Lächeln auf Ihrem Gesicht einfrieren lassen und sich an einen glücklichen Ort in Ihrem Kopf zurückziehen oder auf die Toilette gehen. Es ist unhöflich, endlos zu quasseln, machen Sie sich also keinen Kopf, unhöflich zu sein, wenn Sie eine Entschuldigung vorbringen, um sich vor dem Monolog zu retten. Es ist nicht unhöflich zu flüchten, bevor Ihr Kopf explodiert. (Ein Introvertierter gestand, dass er, wenn er einem Schwätzer in die Falle gegangen ist, diesem seine extrovertierte Frau vorstellt, »und dann gehe ich und weiß, dass man mich nicht einmal vermissen wird«. Gemein, aber ganz schön clever.)

Im besten Fall ist Small Talk der Einstieg in ein interessanteres Gespräch. Im schlimmsten Fall ist er lästig, unlogisch und beinhaltet künstliches Gelächter. Der Vorteil, wenn Sie auf einer Party oder einem anderen Event Ihren Plauderpflichten nachkommen, ist jedoch – auch wenn Sie sich jedes Mal ein Weilchen auf die Toilette zurückziehen müssen –, dass andere Sie sehr viel weniger mit Fragen belästigen werden wie: »Amüsieren Sie sich gut?« oder »Ist alles in Ordnung?« Man sieht, dass Sie die gesellschaftlichen Standardpflichten erfüllen, und ist zufrieden.

Muss man langweiligen Leuten zuhören?

Fakt 1: Es gibt langweilige Leute. Fakt 2: Man ist nicht verpflichtet, ihnen zuzuhören.

Introvertierten wird gelegentlich vorgeworfen, dass sie andere Leute langweilig finden. Ich spreche mich da nicht frei. Mich langweilen langweilige Leute oder lange Geschichten über Leute, die ich gar nicht kenne. Mich langweilt Geschwätz. Besonders langweilt mich jemand, der ein Gespräch als Monolog auffasst.

»Es ist, als hättest du ein Schild umhängen, auf dem steht: ›Erzähl mir das‹«, staunte mein Mann, nachdem er mich vor einer jungen Frau gerettet hatte, die mich bei einer Galerieeröffnung in einer Ecke festgenagelt und mir alles erzählt hat, was ihr seit der Schulzeit widerfahren war.

Da uns Introvertierten Stille angenehm ist, sind wir ein gefundenes Fressen für alle Plaudertaschen. Zu den Gefahren eines introvertierten Lebens gehört es, von langweiligen Menschen in die Enge getrieben zu werden.

Introvertierte sind tendenziell ausgezeichnete Zuhörer. Ich bin mit Sicherheit besser darin, Geplauder anzuhören als es zu produzieren. Mich verblüffen Leute, die ich im Auto, auf der Straße oder im Supermarkt sehe, die pausenlos in ihr Handy quatschen. Worüber können sie so lange und so begeistert reden? Meine Devise lautet: Sagen, was zu sagen ist, und dann aufhören. Manchmal verliere ich nach einem halben Satz das Interesse an dem, was ich gerade sage, und verstumme, was meinen Mann sehr irritiert. Es ist für mich nur schwer vorstellbar, einen ununterbrochenen Textschwall von mir zu geben.

Ich kann ein Gesprächsende etwas hinauszögern und liebe lebhafte Diskurse. Aber ich bin immer wieder verblüfft von Leuten, die eine Anekdote auf zwanzig Minuten ausdehnen können, wobei sie sonstwohin abschweifen, ein paar Mal um den heißen Brei herumreden, mit der Kirche ums Dorf fahren, bis sie endlich zum Schluss kommen – dann holen sie einmal tief Luft und weiter geht's. Wenn sich eine solche Plaudertasche meiner annimmt, habe ich die Schlacht verloren, noch bevor sie überhaupt begonnen hat. Ich erschlaffe gesprächstechnisch.

Ein guter Zuhörer zu sein und die Fähigkeit zu besitzen, Leute aus der Reserve zu locken, sind unerlässliche Fähigkeiten für einen guten Autor. Ich weiß nur nicht, wie ich die Menschen anschließend wieder stoppen kann. Wenn mein Mann von einem Schwätzer in die Enge getrieben wird, hat er folgende Art drauf: Er starrt in die Ferne und reagiert nicht, bis die Plaudertasche verstummt. Ich hingegen mache genau die falschen Dinge: Ich halte Augenkontakt, wodurch ich zum Sprechen animiere, und murmle passende Antworten – sogar noch dann, wenn ich zunehmend verzweifelt wünsche, dass der Wortschwall enden möge. Um Himmels willen. Bitte.

Ein Grund, warum für uns Introvertierte das Zuhören anstrengend sein kann, ist, dass wir wirklich aufpassen. Wir hören konzentriert zu. Die Worte fließen in unsere Ohren und nehmen den direkten Weg in unser beschäftigtes, surrendes Gehirn, um dort verarbeitet, betrachtet und analysiert zu werden. Da wir das, was wir sagen, ernst nehmen, versuchen wir auch das ernst zu nehmen, was andere sagen. Aber mal ehrlich: Nicht alles, was alle sagen, ist wichtig. Eine Menge davon ist nur heiße Luft. Nicht jeder verdient unsere Bestform.

Neben den ausgesprochenen Worten hören wir in unseren emsigen Gehirnen oft auch noch die unausgesprochenen Vorgeschichten, den Zusammenhang und die Motivation dahinter. Wenn sich eine Geschichte hinzieht, fange ich an zu analysieren, warum mir diese Person das jetzt erzählt. Was ist die unterschwellige Botschaft? Die Frau, die mir eine lange Geschichte über ihre Heldentaten im

Urlaub erzählt, möchte von mir bewundert werden. Die Frau, die mir von einem Roman erzählt, den sie eines Tages schreiben will, versucht sich davon zu überzeugen, dass sie es auch wirklich tun wird. Der Typ, dessen Geschichten alle auf ein »Ich war so betrunken …« hinauslaufen, will entweder angeben oder es ist ein Hilferuf. Vielleicht habe ich recht, vielleicht auch nicht, sicher jedoch muss ich mit diesen Vermutungen nichts anfangen. Sie geben mir lediglich etwas zu tun, während das Geplapper weitergeht.

Als Schriftstellerin versuche ich, mir zu sagen, dass mir die Geschichten dieser Menschen Futter für meine Geschichten liefern, das hält mein Interesse jedoch nur während der ersten vierhundertfünfzigtausend Worte aufrecht. Wenn ich mich dann noch nicht entziehen kann, vergnüge ich mich anschließend damit, nach Geschichten hinter diesen Geschichten Ausschau zu halten. Und wenn das nicht funktioniert, ziehe ich mich einfach an einen stillen Ort in meinem Kopf zurück und beginne eine Art Zen-Zuhören, wobei ich die Worte um mich schwirren lasse. Wenn ich mir selbst gestatten kann, nicht jedes Wort ernst nehmen zu müssen und mich von dem Monolog mental an einen ruhigeren Ort zurückziehen zu dürfen, kann ich eine ganze Weile so sitzen, bevor ich das Gefühl habe, dass mein Kopf gleich explodieren wird. Dann hilft nur noch eine kleine Pause auf der Toilette.

Warum überhaupt zuhören, fragen Sie? Dafür gibt es keinen speziellen Grund; wenn Sie die Jammerlappen sofort erkennen und abwimmeln können, nur zu. »Es mag schlimm klingen, aber ich kann normalerweise innerhalb weniger Minuten sagen, ob mich jemand genügend interessiert, dass es sich für mich lohnt, mich mit ihm zu unterhalten«, gestand ein Introvertierter. »Ich bin sicher, dass ich nicht immer richtig damit liege, aber ich denke, insgesamt wahrscheinlich doch gut genug.« Natürlich räumt dieser Introvertierte ein, dass ihm durch diese Taktik auch einmal wirklich interessante Leute durch die Lappen gehen. Es liegt an uns Introvertierten herauszufinden, wann wir dieses Risiko eingehen sollten. Von Zeit zu Zeit tappt aber jeder einmal in die Falle. Manchmal mag ich eine Plaudertasche wirklich gerne und möchte so lange nett bleiben, wie ich es aushalte. Manchmal aber gibt es kein Entrinnen. Sie kennen sie vielleicht: die gefürchtete Quasselstrippe, die im Flugzeug neben Ihnen sitzt. In solchen Fällen habe ich es gelernt, mich an einen glücklichen Ort in meinem Kopf zurückzuziehen. Solange es mir gelingt, einen angemessenen Gesichtsausdruck beizubehalten, kann ich die Worte einfach an mir abperlen lassen.

Das ist allerdings eine noch recht neu erworbene Fertigkeit. Davor hörte ich gewöhnlich zu und hörte genau zu, egal, wer sprach. Aber heute, nachdem ich verstanden habe, welchen Tribut das von mir fordert (und warum ich den Wunsch verspüre wegzugehen), gestatte ich es mir, manchmal abzuschalten und die Schwätzer reden zu lassen, ohne wirklich Energie mit Zuhören zu verbrauchen. Ich bezweifle, dass sie das überhaupt bemerken.

Ja sagen, wenn man eigentlich Nein sagen möchte

Einige Wissenschaftler glauben, dass Extrovertierte glücklicher sind als Introvertierte, weil soziale Situationen jeden glücklich machen. Extrovertierte suchen sich mehr soziale Situationen, also sind sie glücklicher.

Wir haben bereits festgestellt, dass Glück kein allgemeingültiger Einheitsbegriff ist, daher ist diese Theorie von Anfang an fehlerhaft. Wir können sie aber auch je nach der Definition der sozialen Situation umkehren. Für Introvertierte ersetzt Quantität nicht die Qualität, und manchmal (oft) ist Glück ein ruhiges Zimmer für einen allein.

Nun stimmt es zwar, dass wir Introvertierten nach zu viel Interaktion unleidlich werden, viele von uns geraten jedoch auch in eine bedrückte Stimmung, wenn sie zu lange allein waren. Das Kunststück besteht darin zu erkennen, wann wir das Alleinsein und wann wir die Interaktion brauchen. Auch wenn ich mich von meinem Bauchgefühl her eher verkriechen möchte, verhalte ich mich gelegentlich sozialen Situationen gegenüber ähnlich wie gegenüber Brokkoli. Es tut mir gut, auch wenn ich nicht hundert Prozent davon begeistert bin. (Wobei ich Gesellschaft lieber mag als Brokkoli. In der Regel. Manchmal.) So wäge ich jede Einladung, die ich erhalte, sorgfältig ab.

Manche Einladungen sind ein Kinderspiel. Entweder klingen sie so unterhaltsam, dass ich sie nicht versäumen möchte, oder so höllenmäßig, dass ich mir nicht vorstellen kann, warum mich jemand dazu einladen möchte. Bei anderen jedoch bin ich völlig unschlüssig und kann mich weder problemlos dazu überreden, die

Einladung anzunehmen, noch sie abzulehnen. Ich möchte nicht immer meinem ›Standard‹ nachgeben und zu Hause bleiben, nur weil es so viel einfacher ist. In diesem Fall stelle ich mir eine Reihe von Fragen, die mich zu einer Entscheidung führen:

- Kommt die Einladung von jemandem, der mir wirklich wichtig ist? Würde es für meine Zufriedenheit oder mein Wohlbefinden den geringsten Unterschied machen, wenn dieser Mensch für immer aus meinem Leben verschwinden würde?
- Falls es jemand ist, der mir wichtig ist: Braucht er oder sie meine Anwesenheit bei dieser Veranstaltung? (Ich glaube, manche Freunde gehen zu den Partys von Freunden, um sie moralisch zu unterstützen, auch wenn sie nicht bis zum Ende bleiben.) Würde es die Gefühle dieser mir wichtigen Person ernsthaft verletzen, wenn ich mich nicht zeige? In vielen Fällen ist dies ein ausreichend guter Grund, um hinzugehen. Insbesondere wenn es (a) ein besonderer Anlass ist oder (b) jemand, von dem man keine zigtausend Einladungen bekommt.
- Ich überlege, ob die Einladung für etwas gilt, woran meinem Mann viel gelegen ist. Braucht er meine Anwesenheit dabei? Ist es etwas, was ich als Geste der Liebe und Solidarität tun möchte? Mein Mann und ich haben vereinbart, dass wir nicht an den Veranstaltungen des anderen teilnehmen müssen, dass wir aber auch das Recht haben zu sagen: »Ich möchte wirklich gerne, dass du zu dieser Veranstaltung mitkommst.« Solange er mich bei einigen Veranstaltungen außen vor lässt, beiße ich bei anderen in den sauren Apfel. Das gilt umgekehrt natürlich ebenso.
- Lädt mich jemand ein, bei dem ich Interesse habe, die Freundschaft von beiläufig auf enger weiterzuentwickeln? Das verlangt, die Zeit aufzubringen, auch wenn mir nicht danach ist. Diese Einladungen bekommen Priorität, es sei denn, sie gelten für etwas, was absolut höllenmäßig klingt. Und selbst dann denke ich darüber nach. Zumindest könnte es mir eine neue Seite eines potenziellen neuen Freundes zeigen.

– Geht es um etwas, was ich wahrscheinlich genießen werde, wenn ich erst einmal dort bin? Oder ist es etwas, wovon ich nur *glaube*, dass ich Freude daran haben sollte, weil alle mir das einreden wollen? Introvertierte sind nicht immun gegenüber der FOMO, der Angst, etwas zu verpassen (Fear of missing out). Leiden Sie bei jeder Einladung unter FOMO? Dann müssen Sie diese Furcht hintanstellen und das Event unter einem anderen Licht betrachten. Wenn Sie jedoch selten unter FOMO leiden, sollten Sie sie ernst nehmen. Natürlich können Sie sich jederzeit wieder verabschieden, falls es Ihnen nicht gefällt. Wenn Sie die Party jedoch verpassen, dann für immer. Überlegen Sie daher, ob es sich um eine einmalige Gelegenheit handelt, etwas, was Sie morgen früh bedauern könnten, wenn Sie es heute absagen. Bei manchen Dingen lohnt es sich, sie nur deshalb zu machen, um hinterher sagen zu können, dass man sie gemacht hat. So zumindest empfinde ich das. Ich ging zu meiner Hochschul-Abschlussfeier. Trug die Universitätstracht, den ganzen Kram. Obgleich ich um die vierzig war. Es war bedeutsam für mich.

Wenn es Ihnen wirklich unwichtig ist, etwas zu verpassen, stehen Sie dazu. Ich gehöre wirklich nicht zu denen, die empfehlen, ein einmaliges Ereignis im Leben zu verpassen, aber wenn beispielsweise der Schulabschlussball wirklich wie eine Qual klingt, was kümmert es Sie dann, wie viele Leute sagen, er sei zauberhaft? Erfinden Sie Ihre eigene Art, diesen Abend zu feiern, etwas, das sich signifikant für Sie anfühlt. Wahrscheinlich haben Sie ein oder zwei Freunde, die auch nicht zu dem Abschlussball gehen möchten. Laden Sie sie ein.

Wenn Sie beschlossen haben, dass eine Einladung nichts für Sie ist, vergessen Sie nicht, dass das Nein-Sagen zu einer Einladung manchmal auch eine Art Freundlichkeit sein kann. Ich hatte einen Freund, der meine Gefühle anfangs verletzte, als er meine Einladungen ablehnte. Aber dann wurde mir klar, wie befreiend das war. Es bedeutete, dass auch ich die Freiheit hatte, Nein zu sagen.

Ihre Bereitschaft, Nein zu sagen, erteilt Ihren Freunden die Erlaubnis, dasselbe zu tun, und darüber können Sie erleichtert sein. Das Schlimmste ist, zu allem Möglichen Ja zu sagen und dann im letzten Moment abzusagen. Niemand mag Leute, die regelmäßig absagen. Hin und wieder, sicherlich. Jeder muss manchmal in letzter Minute abspringen. Dies häufig zu tun ist jedoch unhöflich und bedeutet lediglich, dass Sie lernen müssen, Nein zu sagen.

Das Neinsagen braucht Übung. Sie können immer eine Ausrede erfinden, solange nicht die Gefahr besteht, dass Sie der Lüge überführt werden. Ich bin kein großer Fürsprecher davon. Vielleicht weil ich keine gute Lügnerin bin. Eine andere Taktik ist, ersatzweise eine introvertiertenfreundliche Gegeneinladung auszusprechen: »Vielen Dank, ich werde auf die Party verzichten, aber ich würde sehr gerne mit Ihnen zusammen zu Mittag essen.« Und dann gibt es immer noch das forsch-fröhliche: »Danke, aber diese Einladung werde ich mir entgehen lassen müssen.«

Sie müssen eigentlich nicht erklären, warum Sie eine Einladung nicht annehmen, und es steht zu hoffen, dass die einladende Person weiß, dass es unhöflich wäre, zu einer Erklärung zu drängen. Werden Sie jedoch dazu gedrängt, können Sie ehrlich sein (»Ich kann so große Partys nicht so gut ab« oder »Ich habe mich auf ein ruhiges Wochenende gefreut«) oder erfinden Sie etwas. Ein introvertierter Freund und ich mussten sehr lachen, als wir feststellten, dass wir beide unabhängig voneinander zu dem Schluss gekommen waren, dass »Durchfall« die beste Notlüge ist, wenn man eine sichere Ausrede braucht. Die Leute gehen davon aus, dass niemand über etwas so Unangenehmes lügen würde, und werden keine Details hören wollen. (Ich habe diese Ausrede tatsächlich nie gebraucht, behalte sie für Notfälle jedoch im Hinterkopf.)

Bevor Sie Nein sagen, stellen Sie sich jedoch noch eine letzte Frage: Habe ich mich in eine Einsiedelei zurückgezogen? Ist es an der Zeit, hinauszugehen und neue Anregungen aufzusaugen? An dieser Stelle werden Sie vielleicht Ja sagen müssen, auch wenn ein Teil von Ihnen glaubt, das Ganze klinge sehr mühsam. Manchmal macht sich eine gewisse Trägheit breit, wenn man sich eine Weile zurückgezogen hatte. Dann entscheidet man sich eher dafür abzusagen, selbst wenn etwas amüsant klingt. Oder man sagt in letzter Minute ab. In diesen Fällen ist die Wahrscheinlichkeit recht groß, dass man die Entscheidung bereuen wird. Manchmal muss man seinen Hintern einfach hochkriegen, egal ob man glaubt, das zu wollen oder nicht.

So sehr wir alle unser Recht geltend machen möchten, Einzelgänger, Introvertierte und ruhige Stubenhocker zu sein: Menschen brauchen Menschen. Gleichzeitig also, wie wir Introvertierten lernen müssen, Nein zu sagen, auch wenn wir uns unter dem Druck fühlen, Ja sagen zu müssen, sollten wir auch lernen, manchmal Ja zu sagen, auch wenn ein Teil von uns Nein sagt. Solange wir aus unseren eigenen guten Gründen unter Leute gehen und nicht, um es anderen recht zu machen, kann es uns guttun. – Genauso gut wie das Zuhausebleiben.

Extroversion aus der Flasche

Wahrscheinlich gibt es keinen Introvertierten auf dieser Erde, der für extrovertiertes Verhalten nicht schon einmal »noch einen Margarita« oder Ähnliches probiert hat. Alkohol senkt Hemmschwellen, und viele von uns Introvertierten brauchen ein bisschen davon, um sich in eine Party stürzen zu können. Ein kleiner Drink, um die Situation zu entschärfen, ist keine schlechte Sache, wenn Sie der Typ für einen kleinen Drink sind. Zu viele kleine Drinks bei Ihrem Versuch, ein extrovertierter Partygänger zu werden, können jedoch ins Auge gehen.

Selbst wenn Sie kein Alkoholproblem haben, kann Alkohol eine Krücke sein, die Ihnen durch die Party hilft, wenn Sie sonst eher nach Hause gehen würden. Er wirkt vielleicht betäubend. »Ich möchte mit meinen Freunden zusammen sein und die sind frustriert, wenn ich mich schon früh wieder verdrücke, deshalb denke ich, warum nicht etwas mehr trinken und bleiben?«, schrieb ein introvertierter Hochschulstudent.

Bestenfalls funktioniert es nicht, die Introversion wegzutrinken. »Selbst wenn ich betrunken bin, bin ich noch immer total introvertiert!«, schrieb der Student weiter. »Meine Freunde ziehen von Party zu Party, und ich will zurück in meine Bude!«

Schlimmstenfalls kann Alkohol Sie in jemanden verwandeln, der Sie gar nicht sein möchten. Mir ist eine heftige nächtliche Reue gewiss, wenn ich ein oder zwei Gläser über mein eigenes Limit getrunken habe. Es ist unwahrscheinlich, dass ich unter Alkoholeinfluss etwas wirklich Gefährliches oder Extremes tue, jedoch lebe ich in der Regel mit einem ausgeprägten Horror davor, lächerlich zu wirken, und Alkohol ist oft der direkte Weg dahin, lächerlich zu wirken. Wenn ich nach ein oder zwei Gläsern zu viel nach Hause komme, treten Angst und Schamgefühl auf, wenn sich das Zimmer um mich dreht und ich den Abend Revue passieren lasse. Dieser viel zu ausgelassene Moment. Das zu laute Lachen. Dieser Besserwisserbeitrag zu einer Unterhaltung. Alles Verhaltensweisen, die mich zusammenzucken lassen. Das bin nicht ich. Das ist mein betrunkenes Ich.

Warum habe ich mir nicht Einhalt geboten? – Weil wir unter Alkoholeinfluss einen Punkt erreichen, an dem uns ungehobeltes Benehmen selbst dann einerlei ist, wenn es uns bewusst ist. In diesem Moment ist das so. Später jedoch, zu Hause, im Dunkeln, ist es uns kein bisschen einerlei. Ich habe mitten in der Nacht nach zu viel Alkohol einige Anfälle von Selbstekel erlebt. (Wie Sie wahrscheinlich wissen, wirkt sich Alkohol auf den Schlaf aus, sodass man ziemlich sicher davon ausgehen kann, nach zu viel Alkohol ein oder zwei Stunden nach dem Einschlafen wieder wach zu sein. Und wie Sie ebenfalls wissen, fühlt sich so gut wie alles mitten in der Nacht deutlich schlimmer an.)

Zum Glück passiert mir dies kaum noch. Ich bin alt genug, um es besser zu wissen, was in der Regel mit der Zeit jedem so geht, der kein echtes Alkoholproblem hat. Sie leben, Sie lernen, Sie erkennen, wann Sie drauf und dran sind, ein Glas über das Limit zu trinken. Manchmal wissen Sie, dass Sie dabei sind, ein Glas über den Durst zu trinken, und tun es dennoch, einfach nur aus Spaß an der Freude. Manchmal kann das amüsant sein. Allerdings nicht oft. Nicht für mich.

Es gibt anscheinend keine Studien über Introvertierte und Alkoholkonsum, man weiß jedoch, dass schüchterne Menschen in der Regel keine großen Trinker sind. Sie trinken wohl ein oder zwei Gläser, um eine Party zu überstehen, also nicht viel, verglichen mit anderen. Schüchterne lieben das Risiko nicht. Sie wollen nicht trinken und dann mit dem Auto fahren, sie wollen nichts Dummes oder Albernes tun. Dies gilt bis zu einem gewissen Grad auch für Introvertierte. Wir Introvertierten neigen nicht zu Impulsivität und überlegen eher genau, bevor wir noch ein Glas trinken.

Introvertierte, die daran gewöhnt sind, bei einer Party herumzusitzen und zu beobachten, haben alle möglichen Arten von unanständigem Benehmen bei Extrovertierten gesehen, denen das völlig egal war. Auch wenn ich gelegentlich die Einstellung Extrovertierter bewundere, sich den Teufel um etwas zu scheren, kann ich diese Haltung doch schwer übernehmen. Ich bin einfach zu befangen. Selbst wenn mein Benehmen auf dem Vollpfosten-Messgerät anderer kaum registriert wird, ist meine Toleranzschwelle für mein eigenes albernes Benehmen sehr niedrig.

Gleichzeitig sind wir Introvertierten jedoch auch oft empfänglich für die Wünsche und Bedürfnisse der Menschen in unserer Umgebung, was uns für Gruppendruck anfällig macht. Extroversion aus der Flasche ist wahrscheinlich unter College Kids weiter verbreitet, die in dem »schrecklichen Alter sind, wo Partys im Mittelpunkt stehen«, wie es ein introvertierter Student formulierte. College Kids sind einer Menge Druck ausgesetzt, um mitzuhalten, mit der Clique abzuhängen und ein Glas nach dem anderen zu trinken. *Bierbong! Cocktails! Jägermeister!* Oft können selbst Erwachsene von einem entsprechenden Gastgeber beeinflusst werden, der ständig eine Weinflasche schwingt.

Manchmal werden Sie zu viel trinken. Die meisten von uns tun das. Es kann jedoch nicht schaden, sich selbst vor dem nächsten Glas zu fragen, ob man noch eines nehmen will, obwohl man eigentlich nach Hause gehen möchte. Dann entscheiden Sie sich. Vielleicht müssen Sie nur für eine kleine Auszeit eine nette Ecke für Introvertierte auf der Party finden, um wieder einen klaren Kopf zu bekommen. Eine Verschnaufpause zu nehmen kann beinahe ebenso regenerierend wirken wie ein weiterer Drink. Und falls das nicht funktioniert, wäre es dann wirklich so schlimm, nach Hause zu gehen? Oder den nächsten Drink abzulehnen? Oder so zu tun, als sei in ihrem Glas Wodka statt Wasser? Was auch immer getan werden muss. Widerstand gegen einen Gruppendruck ist wie ein Muskel, den Sie in Ihrem eigenen Tempo trainieren müssen. Das Training fängt damit an zu wissen, was Sie wollen, und das geht mit klarem Kopf auf jeden Fall besser.

Alkohol kann dafür sorgen, dass Sie sich auf einer Party extrovertierter verhalten. Bevor Sie sich jedoch diesem Druck beugen, zu viel zu trinken, schauen Sie sich einmal nach Leuten um, die bereits betrunken sind. Ist das die Form von Extrovertiertheit, die Sie anstreben?

Postskriptum: Wo wir gerade von Partys und Lastern sprechen: Vor drei Jahren hörte ich mit dem Rauchen auf und vermisse es auf Partys noch immer, da eine Zigarette den Vorwand liefert, sich nach draußen zu verdrücken. Ich glaube, dass ich die Rauchgewohnheit durch meine Introversion länger beibehalten habe, weil ich auf Partys noch rauchte, lange nachdem ich an den meisten anderen Orten damit aufgehört hatte. Inzwischen rauche ich auf Partys indirekt durch die Rauchgewohnheit meines Mannes, dem ich nach draußen in den Raucherbereich folge. Sollte er auch noch aufhören, werden wir vielleicht wie eine Art Raucher-Groupies weiterhin draußen bei den Rauchern herumhängen.

There must be fifty ways to leave a party

Für uns Introvertierte ist es äußerst wichtig, einen Notausstiegsplan für Partys parat zu haben. Die Entscheidung, überhaupt erst zu einer Party zu gehen, wird uns deutlich erleichtert, wenn wir wissen, dass wir sie auch wieder verlassen können.

Vorab zu entscheiden, dass man gehen wird, ist jedoch nicht dasselbe wie tatsächlich die Tür zu öffnen und zu gehen. Dies kann sehr viel schwieriger sein als es klingt. Wenn andere mitbekommen, dass Sie auf dem Sprung sind, wollen sie Ihnen noch schnell zwei Dinge einreden: Entweder, dass Sie *die beste Party aller Zeiten verpassen* oder dass Ihre Abwesenheit die gesamte Partystimmung ruinieren werde.

Nichts davon entspricht der Wahrheit. Haben Sie die Türe nämlich erst einmal hinter sich zugemacht, werden die meisten sofort vergessen, dass Sie überhaupt da waren. Das ist nicht böse gemeint, aber Sie wissen, dass es so ist.

Im Internet postete Kelly Parkinson auf ihrem Blog *Copylicious* mit der Überschrift »Anleitung für Introvertierte zum spontanen Aufbrechen« einen besonders guten Tipp: »Erwecken Sie beim Verabschieden den Anschein, *sich wunderbar zu amüsieren«,* schrieb sie. »Verlassen Sie eine Party nie müde aussehend. Das ist ein häufiger Fehler Introvertierter. Alle sollen heimlich vermuten, dass Sie zu einer anderen Party gehen, dann wird man Sie auch nicht bedauern.«

Einfach so zu tun, als ginge man woanders hin, ist eine ausgezeichnete Möglichkeit, Mitleid oder Druck zu umgehen. Ja, ja, natürlich gehört das in die Kategorie »Extrovertierte halten Introvertierte klein«. Aber was ist hier wichtiger? – Von der Party wegzukommen.

Manchmal muss man sich nicht einmal verabschieden. Mein Mann und ich gingen einmal sehr widerstrebend zu einer Geschenkparty für eine werdende Mutter (gibt es tatsächlich Leute, die daran Spaß haben?), als wir jedoch dort ankamen, stellten wir fest, dass die Mutter verfrühte Wehen bekommen hatte und zusammen mit dem Vater bereits im Krankenhaus war. Mein Mann und ich kannten keinen Menschen dort. Daher fingen wir an, die … Kunst … an den Wänden … zu bewundern, … bis wir an der Haustür angekommen waren, und zack, nichts wie raus. Da war ein »High-Five« fällig. Inzwischen ist der Satz »Komm, wir schauen uns die Kunstwerke an« ein Code-Satz zwischen uns für »Nichts wie weg hier«.

Wir haben einige solcher Codes, die überwiegend in den Schützengräben von Partys entstanden sind. Ein Lieblingsspruch war ursprünglich eine spontane Äußerung, nachdem wir mehrere Stunden auf einer Karnevalsparty verbracht hatten. Wir hatten gegessen, getrunken, gelacht, geplaudert, eine Parade gesehen und Perlenketten umgehängt. Aber nach ein paar Stunden (ich überstand sie durch häufige Besuche auf dem ruhigen Balkon der Wohnung) schlängelte sich mein Mann zu mir durch und murmelte: »Ich hab' die Nase voll von Perlenketten.« Nachdem ich genug darüber gelacht hatte, gingen wir. Seither haben wir den Satz oft verwendet.

Bei großen Partys ist es leicht, als Gast von der Bildfläche zu verschwinden. Gerade sind Sie noch da, im nächsten Moment sind Sie weg. Es ist natürlich immer höflich, dem Gastgeber zu danken, das kann aber auch noch problemlos am nächsten Tag nachgeholt werden. Ihr Gastgeber ist wahrscheinlich ohnehin zu beschäftigt und abgelenkt, um überhaupt zu bemerken, dass Sie gegangen sind. Und wenn Sie es richtig anstellen, können Sie sich verdünnisieren, bevor überhaupt jemand es bemerkt und Ihnen die Schuldgefühlnummer aufs Auge drückt: »Sie werden doch nicht schon gehen?« Sie können ja behaupten, dass Sie nur … etwas … frische Luft … schnappen gehen …

Wenn Sie mit einem Extrovertierten auf eine Party gehen, kann es natürlich schwierig sein, ihn schon bald wieder loszueisen, und das ist auch nicht wirklich fair. Daher sollten Sie, wann immer es möglich ist, Ihren eigenen fahrbaren Untersatz mitbringen (oder mit dem Taxi fahren). Sie werden dieser Freundin bzw. diesem Freund wahrscheinlich nicht das Herz brechen, wenn Sie früher gehen. »Zu dem Zeitpunkt, wenn Sie die Party verlassen, wird er oder sie bereits eine(n) nagelneue(n) Freund(in) gefunden haben«, schrieb Kelly Parkinson.

Machen Sie sich darüber also keine Sorgen. Schlüpfen Sie zur Hintertür hinaus oder setzen Sie ein breites Lächeln auf und marschieren Sie winkend und Luftküsschen verteilend hinaus. Gehen Sie einfach, wenn es an der Zeit ist, wie auch immer Sie es anstellen. Denn – und das ist der Merksatz – Partys zu verlassen, wenn es für Sie an der Zeit ist, macht es sehr viel angenehmer, überhaupt erst hinzugehen.

Das Leben aus introvertierter Sicht

Sie sehen ein Paar, das in einem Restaurant beim Sonntagsbrunch sitzt. Beide haben eine Zeitung vor sich und lesen, während sie essen. – Eine Art Rorschach-Test für Introvertierte/Extrovertierte.

Als Introvertierte(r) werden Sie wahrscheinlich denken: Ach, wie schön. Dieses Paar beginnt den Sonntag gemeinsam mit Kaffee und einer Zeitung. Wie gerne würde ich in einer so angenehmen und entspannten Beziehung leben.

Als Extrovertierte(r) hingegen werden Sie denken: Wie tragisch! Die beiden ignorieren sich! In einer so kalten und unverbundenen Beziehung möchte ich nicht leben!

Diese Situation kam beim Facebook-Status einer äußerst extrovertierten Freundin zur Sprache, die ein Paar beim Frühstück entdeckt hatte, das jeder für sich in seinen E-Reader vertieft war. Meine Freundin betrachtete dies als ein verhängnisvolles Zeichen dafür, dass die Technologie die menschlichen Bindungen zerstöre, und postete etwas in diesem Sinn auf ihrer Status-Zeile. Ich stellte mir hingegen eher vor, dass das Paar mit dieser neuen Technologie vielleicht beim Frühstück die Sonntagszeitung las. Schließlich ist das gemeinsame Lesen der Sonntagszeitung für viele Menschen (so auch für meinen Mann und mich) ein liebevoll gepflegtes Ritual.

»Egal«, sagte meine Freundin. »Es ist ungezogen.«

Na gut. Hm. Okay. Wenn Sie das so sehen. Manche von uns Introvertierten sehen das völlig anders.

»Ich schaue mich gerne in Restaurants um und staune über all diese Leute, die sich unterhalten, und denke mir: ›Sehen die sich nicht ohnehin immer, worüber können die nur ständig reden?‹«, kommentierte eine Introvertierte.

Ich verstehe das. Genauso empfinde ich es bei Leuten auf der Straße oder auf Autobahnen, in der Warteschlange im Supermarkt oder in Umkleidekabinen von Kaufhäusern, die ohne Punkt und Komma in ihre Handys quatschen. Wenn ich von den Unterhaltungen einmal etwas aufschnappe, wirkt das überwiegend sehr banal. Das ist zumindest meine Wahrnehmung. Und Wahrnehmung ist alles. – Wie bei dieser Frau, die erzählte, dass ihr Ex-Mann die Tatsache, dass sie nur wenige Freundinnen hatte, als Beweis dafür wertete, dass sie eine Versagerin sei. Sicher, einerseits ist jemand mit nur einer Handvoll Freunde zu bedauern, vielleicht sogar als unsympathisch zu verschmähen. Aus introvertierter Sicht jedoch hat jemand, der nur wenige Freunde hat, für jeden Einzelnen mehr Zeit und Aufmerksamkeit. Vielleicht haben solche Freundschaften mehr Tiefe. Vielleicht. Oder möglicherweise auch nicht. Möglicherweise sind wir einfach alle unterschiedlich.

Ich fühle mich nicht sonderlich wohl, wenn ich mit jemandem befreundet bin, der Fantastilliarden Freunde hat – nach meiner Wahrnehmung gehe ich in der Menge unter. Ich ziehe es vor, etwas Besonderes zu sein. Ausgewählt. Auch das ist eine Sache der Wahrnehmung, weil es absolut im Bereich des Möglichen liegt, dass Extrovertierte mit sehr vielen Freunden eine andere Fähigkeit haben, Menschen wichtig zu nehmen – vielleicht gelingt es ihnen sogar, in dem Schneesturm von Freunden jeden Einzelnen als besondere Schneeflocke zu beachten. Einige Extrovertierte können ihr Licht so über einem leuchten lassen, dass man sich tatsächlich als jemand Besonderer fühlt. Manchmal ist das nicht authentisch, aber manchmal durchaus. Wir kennen die Wege des extrovertierten Herzens nicht. Wir kennen nur das Verhalten.

In einigen sehr wichtigen Punkten jedoch sehen Introvertierte und Extrovertierte die Dinge unterschiedlich. Der Small Talk, der die Welt zusammenhält, ist Musik in den Ohren Extrovertierter, aber nichts als Lärm in den Ohren Introvertierter. Eine große Party mag für den Extrovertierten aussehen wie tausend neue Freunde, für den Introvertierten hingegen (bestenfalls) wie Zeitverschwendung. Das Läuten des Telefons mag für den Extrovertierten nach einer guten Gelegenheit klingen, für den Introvertierten jedoch nach einer Unterbrechung. Ein Abend, für den es keine Pläne gibt, ist für den Introvertierten Glückseligkeit, für den Extrovertierten jedoch soziales Versagen. Introvertierte betrachten das Handy vielleicht als Klotz am Bein, für Extrovertierte ist es hingegen ein Rettungsanker. Teambildungs-Übungen halten Introvertierte für obskure Folter, Extrovertierte dagegen einfach für Teambildungs-Übungen. (Ich spreche hier natürlich verallgemeinernd. Nicht jede Party ist für einen Introvertierten die Hölle, und nicht jeder ruhige Abend wird von Extrovertierten wie soziales Versagen empfunden.)

Ich bringe für die extrovertierte Wahrnehmung der Welt zwar intellektuelles Verständnis auf und bin in den Verhaltensweisen gut geschult, jedoch versage ich dabei, wenn ich versuche, sie auch zu *fühlen*, mich in das Gehirn eines Extrovertierten hineinzuversetzen. Wenn das Telefon läutet, kann ich sagen »fein, fein«, aber mein Herz empfindet es nicht so. Meine Versuche, mit Fremden Kontakt aufzunehmen, auch wenn mir eigentlich nicht danach ist, können plump und merkwürdig verlaufen. Und auch wenn ich die Gesprächsthemen auf Cocktailpartys durchexerzieren kann, finde ich sie nicht nahrhafter als die Canapés.

Je mehr ich versuche, die Welt durch extrovertierte Augen zu sehen, desto besser kann ich mit der Art der Extrovertierten umgehen. Sie wollen uns nicht schaden. Sie wollen einfach nur, dass wir auf *ihre* Art Spaß haben. Wenn Ihnen also das nächste Mal das Verhalten eines Extrovertierten zu schaffen macht, versuchen Sie vielleicht einmal, eine extrovertierte Brille aufzusetzen und zu sehen, wie die Situation durch diese Brille aussieht.

Wird das wirklich ein Spaß?

Das wird ein Spaß!«, sagen die Extrovertierten, wir Introvertierte jedoch sind vielleicht anderer Ansicht.

Fangen wir gleich mit einer Gegenerklärung an: Möglicherweise mögen Sie die Aktivitäten, über die ich gleich sprechen werde. Es steht Ihnen frei, nicht meiner Meinung zu sein. Wahrscheinlich werden Sie der Liste auch weitere Dinge anfügen wollen. Introversion ist nur ein Aspekt von uns. Wir Introvertierten haben vieles gemeinsam, wir sind jedoch keine identischen Kopien.

Dennoch können wir uns wahrscheinlich auf ein paar Dinge einigen, die Extrovertierte als einen Spaß der Superklasse empfinden, bei denen wir Introvertierten uns aber am liebsten in einem Schrank verstecken möchten. In einer extrovertierten Welt müssen wir uns häufig für unsere Abneigung rechtfertigen, an Aktivitäten teilzunehmen, bei denen Extrovertierte in Entzücken verfallen. Sie können es kaum glauben, dass uns ein Spaß, den sie prickelnd finden, entweder kalt lässt oder mit Entsetzen erfüllt. Sie versichern, dass wir, wenn wir über unseren Schatten springen und es versuchen, wirklich eine tolle Zeit haben werden. Manchmal lassen wir uns überreden. Bestenfalls ist es dann in der Regel okay. Selten genießen wir es so, wie sie behauptet hatten.

So aufgeschlossen ich selbst auch bin, wenn ich etwas ausprobiere, was für mich nicht amüsant klingt, habe ich keinen Spaß dabei. Beispielsweise dachte ich nie, dass mir eine Achterbahnfahrt Spaß machen würde. Eines Tages schließlich, mit Mitte zwanzig, überredete mich ein Freund, einmal mit einer Achterbahn zu fahren. Ich war der Meinung, ich sollte alles einmal versucht haben, und tatsächlich probierte ich an diesem Tag sogar zwei Achterbahnen aus. Einfach nur, um nett zu sein und wirklich ganz sicher zu sein. Und was meinen Sie? Mir machte weder die eine noch die andere Achterbahnfahrt Spaß, und ich bin nie wieder Achterbahn gefahren. – Einige andere Dinge würde ich gar nicht erst ausprobieren. Nein danke.

Zum Beispiel Karaoke: Es macht mir nichts aus, anderen dabei zuzusehen, aber selbst auf die Bühne gehen? Oh-oh. Das ist etwas für Exhibitionisten. Als Kind habe ich gerne Theater gespielt, aber Karaoke ist intimer. Außerdem muss man sich unter das Publikum setzen, wenn man fertig ist. Die Leute können einen falschen Eindruck gewonnen haben und denken, dass Sie sich unterhalten möchten. Manchmal fühle ich mich sogar unwohl, wenn ich bei Karaoke zuschaue. Ich hasse es, wenn Leute töricht aussehen. Ich weiß den Mut und die Stimmung zu würdigen, wirklich, aber manchmal muss ich mich auch fremdschämen.

Oder Zuschauerbeteiligung: Nichts jagt mir größeren Schrecken ein, als auf einem Sitz in Bühnennähe festzusitzen, wenn ein Künstler beginnt, das Publikum nach Freiwilligen abzusuchen. Ich versuche, zum Selbstschutz Todesstrahlen auszusenden. Der Gedanke, auf eine Bühne geschleppt zu werden, um dort vor einem Publikum zu improvisieren, wobei alles Mögliche passieren kann, ist viel zu schrecklich, um es nur in Erwägung zu ziehen. Man könnte der Handlanger sein. Man könnte sich verpflichtet fühlen, geistreiche Scherze von sich zu geben. Mir gelingt nicht einmal eine launige Bemerkung an der Supermarktkasse, wahrscheinlich würde ich auf der Bühne nur dummes Zeug plappern. Das macht vielleicht nichts, klingt jedoch absolut nicht spaßig für mich.

»Ich habe noch immer Albträume wegen einer Begebenheit in der siebten Klasse, als ich ›auserwählt‹ wurde, um auf der Bühne von einer Gruppe spanischer Sänger ein Ständchen gesungen zu bekommen«, sagte eine Introvertierte. »Ich bin gerne im Publikum, aber lasst mich nicht am Geschehen mitwirken. Macht es einfach nicht.«

Auch Kostümpartys möchte ich nicht ausprobieren: Ich bin nicht gerne von kostümierten Erwachsenen umgeben, weil sie dazu neigen, ihre Hemmungen zu verlieren – und ich bin ein großer Fan von Hemmungen. Ich mag es nicht, wenn mir andere ihre Kostüme vorführen. Kostüme verlangen eine Reaktion der Zuschauer. Eine weitere Form der Zuschauerbeteiligung. Auch hierbei gilt wieder: Theoretisch bewundere und respektiere ich die Kreativität eines guten Kostüms. In der Realität aber sehe ich eine albern gekleidete Person und weiß nicht, was ich damit anfangen soll. Es bedeutet mir einfach nichts. Und das meine ich absolut nett. Andere können gerne hingehen und Spaß haben. Ich werde es auslassen. Am nächsten Tag schaue ich mir dann gerne die Fotos an.

Ebenso wenig mag ich Nacktbaden: Vielleicht allein. Oder mit einem Menschen, der mir wichtig ist. Oder vielleicht sogar mit sehr engen Freunden. Wenn jedoch jemand sagt: »Hey, Leute, lasst uns nackt baden!«, und die Meute mit fröhlichem Gejohle antwortet, bin ich außen vor. Könnte es etwas Extrovertierteres geben, als vor Freunden und Bekannten sämtliche Kleider abzulegen?

Ein weiteres Kapitel sind Streiche: Hahaha. Sehr lustig. Und jetzt geht und lasst mich allein. Ich kann nicht einmal Fernsehshows wie *Punk'd* und *Versteckte Kamera* anschauen, und bei der Vorstellung, in einen solchen Streich verwickelt zu werden, stehen mir die Haare zu Berge. Wenn man einen Streich gespielt bekommt, erntet man nicht nur Aufmerksamkeit, sondern negative Aufmerksamkeit. Ja, ja, man lacht dann nicht über mich, sondern mit mir. Aber was ist, wenn ich gar nicht lache? Und so wird es wahrscheinlich sein.

Ich bin sicher, dass auch Introvertierte Dinge tun, an denen Extrovertierte keinen Spaß haben. Ich erinnere mich, dass ich auf einer Auslandsreise ein paar meiner Reisegefährten fragte, ob sie mit mir ein Kunstmuseum besuchen wollten. »Nein, danke«, antwortete einer. »Wir sind keine Museumsgänger. Wir sind lieber draußen, wo das *Leben* spielt.« Also ging ich allein und verbrachte ein paar glückliche Stunden im Museum, umgeben von weiteren mutmaßlich leblosen Leuten.

Es schockiert mich immer ein wenig, daran erinnert zu werden, dass nicht jeder gerne ins Museum geht. Das sollte es nicht. Es ist nichts verkehrt an diesen Menschen, genau wie auch an uns Introvertierten, die wir vielleicht Karaoke nicht mögen, nichts verkehrt ist.

Lassen Sie sich von niemandem ein schlechtes Gewissen einreden und deshalb auch nicht zu der Behauptung hinreißen, Sie fänden etwas lustig, wenn Sie das in Wahrheit nicht tun. Lassen Sie andererseits anderen ohne Wertung ihren Spaß. Die Welt hat genügend Platz für Karaoke-Freunde und Museumsgänger.

Spaß auf introvertierte Art

Spaß auf introvertierte Art sieht für Extrovertierte nicht wie Spaß aus, weil Introvertierte so gut wie nie die Arme unter lautem *»Huhuu!«* in die Luft werfen. Bei ihnen wird es überhaupt selten laut – vielleicht wird nicht einmal gelächelt. Bei Introvertierten ist Spaß häufig mit einer konzentrierten Miene verbunden.

Genau wie den Glücksbegriff haben die Extrovertierten auch den Spaßbegriff der Gesellschaft für sich beansprucht: Für sie ist Spaß wie die Werbung für Mountain Dew (Limonade). Und was ist mit Werbung für erlesenen Kaffee, bei der man eine Frau sieht, die an einem verregneten Fenster an ihrem Kaffee nippt? Nett und pseudo-introvertiert, aber nicht »Spaß«, wie wir ihn kennen. – Es wird wirklich Zeit, dass wir Introvertierten den Spaß zurückverlangen.

Introvertierter Spaß ist ruhig, beschaulich und wird oft allein erlebt. Häufig besteht ein Bezug zu unserer Umgebung. Ein friedlicher Ort ist unserer Art Spaß zuträglich. Genau wie ein gemäßigtes Tempo. Und Zeit. Wir Introvertierte mögen ruhige Sportarten, bei denen wir unseren Gedanken nachhängen können, Sport, den wir allein oder mit gleichgesinnten ruhigen Menschen ausüben können: Wandern, Radfahren, Kajakfahren, Bergsteigen. Wir sind gerne am Wasser. Wir schwimmen gerne. »In meiner ersten Schwimmstunde warnte mich mein Lehrer, Schwimmen sei ein einsamer Sport – als sei das ein Manko –, und ich dachte nur: ›Super!‹«, erzählte eine Introvertierte.

Wir Introvertierten gehen gerne spazieren – im Wald, durch unser Wohnviertel, mit oder ohne Hund, mit oder ohne Musik. Hin und wieder gehen wir gerne mit einer Freundin oder einem Freund spazieren, das ist wie ein netter Besuch. Wir mögen Yoga und Meditation. Wir lesen gerne. »Manchmal gebe ich sogar den Hund übers Wochenende ab, um den ganzen Tag lesen zu können«, sagte eine Introvertierte.

Wir Introvertierte gehen gerne ins Café, entweder zu einem gemütlichen Treffen mit Freunden oder um unsere Batterien wieder aufzuladen. »Nachdem ich zwei oder drei Stunden lesend im Café gesessen habe, fühle ich mich entspannt und total erholt«, erzählte eine andere Introvertierte.

Wir sitzen gerne lange mit einer guten Freundin oder einem guten Freund beim Essen und mögen auch kleine Abendeinladungen mit Wein und Gesprächen. Wir führen gerne lange, tiefe, mit uns selbst beschäftigte, selbstanalytische Nabelschau-Gespräche mit einer engen Freundin bzw. einem engen Freund. Eine ähnlich veranlagte Freundin und ich sind einmal übers Wochenende zusammen verreist, und am Ende tat uns die Kinnlade weh vom vielen Reden. Es waren zweiundzwanzig Stunden, in denen wir uns gründlich und innig gegenseitig das Herz ausschütteten. Es war großartig.

Wir Introvertierte gehen gerne ins Theater, wo wir in aller Ruhe sitzen und unserem Gehirn Nahrung geben können. Ich bin nicht wirklich ein Kino-Fan, sitze jedoch gerne dort im Dunkeln und lasse mich in eine andere Welt versetzen. Allein ins Kino zu gehen ist ein wunderbares Schwelgen. Tagsüber allein ins Kino zu gehen macht schon fast sündhaft Spaß.

Gerne schauen wir Introvertierten aus einem Fenster und beobachten das Schauspiel, ob wir nun irgendwo stehen oder in Bewegung sind. Ich liebe Autofahrten, allein oder mit meinem famosen Mann, der in der Lage ist, über lange Strecken still zu sein. Die Bewegung und die wechselnden Ausblicke lassen meine Gedanken interessante Wege nehmen. Und, wie eine Introvertierte sinnierte, »fahren Sie ein paar Mal dieselbe Strecke, dann werden Sie Details wahrnehmen, die Ihnen anfangs entgangen sind«.

Wir stehen gerne früh auf oder bleiben lange auf, um das Haus für uns zu haben. Eine Introvertierte erzählte: »Ich schlafe gerne aus, aber in der Regel schlafe ich gar nicht, wenn ich lange im Bett bleibe. Ich bin einfach gerne dort und denke oder hänge Tagträumen nach.«

Wir stricken, nähen, zeichnen und schreiben gerne. Uns gefällt die Konzentration, die dafür nötig ist, und das kreative Ergebnis. Wir machen gerne PowerPoint-Präsentationen – zumindest eine von uns: »Ich finde das wirklich faszinierend und habe Freude daran, wenn es gut aussieht«, sagte eine Introvertierte.

»Ich repariere auch gerne Möbel«, sagte eine andere. »Ich finde das beruhigend. Oft ist mein Mann nur ein paar Schritte entfernt und arbeitet mit der Spritzpistole an einem Projekt. Wir können stundenlang so arbeiten, ohne zu reden.«

Wir mögen Kunstgalerien und Museen. Wir mögen Parks, in denen wir spazieren gehen können oder einfach sitzen und beobachten. Wir mögen Tage ohne Termine und Abende, an denen wir allein sind und vielleicht sechs Folgen unserer Lieblingssendung sehen. Ein Fernsehabend allein mag für viele nicht nach Spaß klingen. Natürlich haben wir nichts gegen die passende Gesellschaft an einem solchen Abend. Aber wir brauchen sie nicht, und oft wollen wir sie auch nicht.

»Meine Lieblingsbeschäftigungen, um Spaß zu haben, werden zu völlig unterschiedlichen Erlebnissen, je nachdem, ob ich sie allein oder in Gesellschaft erlebe«, sagte eine Introvertierte. »Allein ist es für mich ein spirituelleres Erlebnis.«

»Spiritueller Spaß« klingt fast wie ein Widerspruch in sich. Deshalb haben wir es den Mountain-Dew-Leuten erlaubt, das Wort »Spaß« in Besitz zu nehmen. Es ist jedoch an der Zeit, dass wir unseren Anspruch darauf anmelden, indem wir die Aktivitäten erkennen und anerkennen, die uns wirklich Freude machen, und uns von niemandem erzählen lassen, dass wir uns nicht darauf verstehen, Spaß zu haben.

Freunde und Bekanntschaften – Wozu die Mühe?

Was ist ein Freund? Wahrscheinlich hat da jeder seine eigene Definition. Für mich ist es jemand, mit dem ich mich nicht allein fühle. Jemand, der mich nicht langweilt. An dessen Leben ich Anteil nehme und der sich auch für mein Leben interessiert. Es ist jemand, zu dem ich gerne gehe, wenn ich jemanden brauche, der mir gut zuredet und dem ich im Gegenzug diesen Gefallen ebenfalls gerne erweise. Nur wenige Menschen in meinem Leben entsprechen diesen Kriterien.

Wir wissen alle, wie einsam wir uns unter vielen Menschen fühlen können, sogar auf einer Party, auf der wir viele Leute kennen. Einsamkeit hat nichts damit zu tun, physisch allein zu sein, sondern damit, ob man sich emotional oder intellektuell mit jemandem verbunden fühlt. Flüchtige Freundschaften erfüllen bei Introvertierten nicht das Bedürfnis nach Bindung, und Quantität ist für sie kein Ersatz für Qualität.

1992 arbeitete der Anthropologe Robin Dunbar an einigem anthropologischem Hokuspokus und errechnete die »Dunbar-Zahl« 150, die als Anzahl von Beziehungen, die wir kognitiv unterhalten können, auf breite Zustimmung stößt. Wahrscheinlich komme ich in meinem ganzen Leben zusammengerechnet nur auf ein Netzwerk so vieler Menschen. Dennoch würde ich sie nicht alle als Freunde bezeichnen. Und noch weniger davon würden unter die Bezeichnung »echter Freund« fallen.

Ich werfe mit dem Begriff »Freund« nicht locker um mich. Einige Leute werden passender als Bekanntschaften, Kollegen oder Online-Freunde bezeichnet, eine völlig neue Kategorie der modernen Welt. Einige Leute, mit denen ich auf Facebook Kontakt habe, sind Freunde aus der echten Welt, die anderen betrachte ich als »Freunde« in Anführungszeichen. Dazwischen besteht ein großer Unterschied, aber selbst auf Facebook akzeptiere ich Freundschaftsanfragen nicht leichtfertig.

Eine Studie kam zu dem Schluss, dass die ideale Anzahl von Facebook-»Freunden« – ausreichend groß, um kein Mitleid zu erregen, aber wiederum auch nicht so groß, dass man bedürftig wirkt – bei 302 liegt. Die Studie zeigte auch, dass wir unabhängig davon, wie viele Facebook-»Freunde« wir haben, nur mit fünf bis zehn Prozent davon tatsächlich interagieren. Ich habe nie Berechnungen über meine »Freunde« angestellt, aber zehn Prozent könnte hinkommen. Der harte Kern. Und vielleicht ein paar, die ich einfach allgemein interessant finde. Und der Rest? Absolut nette Leute, da bin ich sicher, aber keine Freunde.

Ab und zu kann es ein Manko sein, Freundschaften so ernst zu nehmen. Wenn wahre Freunde nicht in der Nähe oder aus irgendeinem Grund nicht verfügbar sind, können Introvertierte einsam werden. Einmal zogen einige meiner Freunde in andere Städte um. Als dies geschah, erlebte ich eine lange, einsame Zeit. Es ist für Introvertierte nicht immer einfach, Freundschaften zu schließen, weil wir zurückhaltend sind und es Zeit braucht, bis sich ein Kontakt zu einer echten Bindung entwickelt.

Ich gehe nicht davon aus, dass wahre Freundschaft für Extrovertierte etwas anderes ist, jedoch können oberflächliche Beziehungen für sie befriedigender sein als für uns Introvertierte, sie sind also bessere Platzhalter, wenn wahre Freunde nicht da sind. Wenn ich das Bedürfnis nach Gesellschaft habe (das haben wir alle einmal, oder sollten es wohl haben), muss ich manchmal abwägen, ob das Bedürfnis nach einem Kontakt den anstrengenden Aspekt eines gesellschaftlichen Kontakts mit Bekanntschaften oder Kollegen wettmacht.

Vielleicht sollte es noch eine andere Stufe der Bezeichnung geben, eine Bezeichnung für Leute, die ein wenig über einer Bekanntschaft stehen, aber niemand sind, den man bei einer persönlichen

Krise anrufen würde. Menschen, die vielleicht in der Übergangsphase von einer Bekanntschaft zu einer Freundschaft stehen, die eines Tages, wenn man mehr Zeit zusammen verbracht und mehr miteinander gesprochen hat, vollwertige Freunde werden könnten. Dies sind tatsächlich wertvolle Personen im Leben, und ich versuche, nach solchen Menschen Ausschau zu halten. Man kann sich etwas unbehaglich fühlen, beispielsweise das erste Mal eine Kollegin bzw. einen Kollegen nach Feierabend einzuladen, in deren oder dessen Gesellschaft man sich eigentlich wohlfühlt, aber es kann einen Versuch wert sein. Es schadet nie, potenzielle Freunde in den Startlöchern zu haben.

Für Introvertierte gibt es bei aufkeimenden Freundschaften einen heiklen Moment. Sobald wir in eine Freundschaft investieren, fangen wir an abzuwägen, was wir zurückbekommen. Das ist eine Alles-oder-Nichts-Phase. Die Investition kann sich für uns Introvertierte in Bezug auf unsere verbrauchte Energie kostspielig anfühlen. Das ist der Punkt, an dem wir anfangen, uns zu fragen: »Wozu die Mühe?« – Eine legitime Frage, solange sie wirklich als Frage behandelt wird und die Aktion nicht von vornherein abwürgt. Will dieser Mensch Sie treffen und haben Sie miteinander Spaß? Kommt ein Gespräch in Gang? Ist es zufriedenstellend? Fühlen Sie sich nach einem Treffen energiegeladen oder erschöpft? Ich liebe Freundschaften, bei denen die Unterhaltung so interessant ist, dass man kein Ende findet, selbst wenn der Besuch eigentlich beendet ist. So steht man noch an der Tür, sitzt noch im Auto, steht an einer Straßenecke, um Gespräche zu Ende zu führen, die eigentlich kein Ende haben. Sicher, so lange Gespräche sind anstrengend, aber sie geben meinem Gehirn viel neue Nahrung und sorgen noch lange danach für Zufriedenheit.

Jeder, der diesen Kriterien nicht entspricht, wird auf meine Liste »freundschaftlicher Kontakt, aber kein Freund« gesetzt: Bekanntschaft oder Kollege. Es sind Menschen, mit denen ich in bestimmten Situationen gerne zusammen bin, denen ich jedoch keinen Blick hinter meine Fassade gewähre.

Manchmal möchte jemand eindeutig mit mir befreundet sein, aber ich empfinde nicht dasselbe. Wenn dies vorkommt, fühle ich mich schlecht, aber wenn ich weiß, dass sich die Investition für mich nicht auszahlt, vertraue ich meinem Instinkt und halte meine Grenzen aufrecht. Es sind in der Regel absolut prima Menschen, denen ich das Beste wünsche. Aber es ist nicht schlimm, anspruchsvoll zu sein und die Energie für Menschen aufzusparen, die einem Energie zurückgeben.

Nur online extrovertiert

Das Internet ist für Introvertierte in vielerlei Hinsicht ein Geschenk des Himmels. Was Wissenschaftler als »computervermittelte Kommunikation« bezeichnen (CVK) – SMS, Blogs, Facebook –, verschafft uns die Kontrolle über unseren Luftraum und Zeit zum Nachdenken, bevor wir antworten, wodurch es für uns ein ideales Medium ist, um unsere Gedanken zu äußern. Wir müssen nicht versuchen, uns in Unterhaltungen zu zwängen, können uns einfach jederzeit einloggen und uns so viel Zeit nehmen, wie wir brauchen, um zu sagen, was wir zu sagen haben.

»Schriftliche Kommunikation gibt mir Zeit, meine Gedanken zu sammeln und etwas Sinnvolles zu schreiben, anstatt sinnlos zu plappern, wie dies bei den meisten mündlichen Unterhaltungen der Fall ist«, kommentierte eine Introvertierte.

Ich habe mich auf den ersten Blick in E-Mails verliebt. Ich habe immer ein oder zwei Leute, mit denen ich täglich Mails austausche, eine Menge an aktuellen Infos, kleine Scherze, Links und gelegentlich auch tiefschürfende Konversation. Über die Jahre hinweg habe ich oft mein Herz in E-Mails ausgeschüttet. Und ich musste die Lektion lernen, nicht per E-Mail mit Freunden zu streiten. (Ohne Körpersprache und die Wärme eines echten Menschen als Gegenüber eskaliert das viel zu schnell.) Ich erledige auch den Großteil meiner geschäftlichen Angelegenheiten per E-Mail.

Mit Facebook expandierte mein Online-Sozialleben gewaltig. Einige Introvertierte sehen Facebook nur als eine andere Form geistlosen Geplappers, aber ich bin ein großer Fan. Für mich, allein in meinem häuslichen Arbeitszimmer, fühlt sich Facebook an, als hätte ich nebenan Kollegen in ihren Büros sitzen. Wir tauschen Scherze aus, fachsimpeln, teilen interessante Artikel und Rezepte, bedauern uns gegenseitig und feuern uns an. Und ich spiele Scrabble. Tatsächlich sind Bekanntschaften im Lauf von Online-Spielen zu Freundschaften gereift – das ist für Introvertierte eine wunderbare Möglichkeit, mit wenig Stress neue Freundschaften zu schließen. Es geht langsam und beständig, und man lernt sich kennen mit dem einzigen Druck, einen dreifachen Wortwert zu erzielen.

Im Internet kann ich zudem ganz einfach jemanden ignorieren, der Zeitverschwendung zu sein scheint. Manchmal fühlt Facebook sich an wie eine Party, bei der ich bequem an der Seite sitzen und beobachten kann, ohne dass mich jemand am Arm zieht. (Zum Glück haben wir die störenden Facebook-»Pokes« hinter uns.) Und ich akzeptiere auch nicht jede Freundschaftsanfrage. Ich habe eine annehmbare Anzahl an Facebook-Freunden, aber ich brauche nicht jeden. Ich bin bei Facebook-Freunden fast so wählerisch wie bei echten Freunden. Leute, die sich über Facebook lustig machen, machen viel Lärm um die Trivialität und den Narzissmus der Statuszeilen. Ich sehe das so: Wenn die Statuszeilen Ihrer Freunde langweilig und selbstbezogen sind, brauchen Sie interessantere Freunde.

Manche sehen ein Untergangsszenario für persönliche Interaktionen zugunsten computervermittelter Kommunikation (CVK), das heißt, sie glauben, dass die Leute die persönlichen Interaktionen durch diese Form der Kommunikation ersetzen werden. Ach was. Wir werden immer die persönlichen Interaktionen brauchen. Wenn überhaupt, wird die CVK das Telefon ersetzen. Wenn Sie sich erinnern: 2008 stellte eine Nielsen-Studie fest, dass die Leute mehr SMS von ihren Handys versendeten, als sie Anrufe tätigten. Dazu kann ich nur sagen: weiter so, weiter so. Wenn die CVK das Telefon ersetzt, werden Introvertierte es kein bisschen vermissen.

Wie viele andere Introvertierte liebe ich die SMS wegen ihrer Effizienz. Wenn ich sagen möchte »Treffen wir uns da und da« oder »Bring bitte Milch mit«, mache ich das eher per SMS als per Telefon. Aus irgendeinem Grund denken die Leute, es sei unhöflich, bei einem Anruf einfach zu sagen, was zu sagen ist, und dann gleich wieder aufzulegen. Bei SMS kümmert das niemanden. Wir Introvertierten lieben die CVK nicht deshalb, weil wir die Menschen fürchten. Wir mögen sie, weil sie zu unserem Stil passt.

Vielleicht fühlen sich schüchterne Menschen online mutiger, aber wir Introvertierten sind normalerweise die gleichen, sowohl offline wie online. Trotz des paranoiden Argwohns, dass Leute in sozialen Netzwerken gefakte Profile einstellen, haben Studien festgestellt, dass die Leute online und offline weitgehend übereinstimmen.

In einem Online-Forum für Introvertierte schrieb jemand, er habe sich bei Facebook angemeldet, um neue Arbeitskollegen kennenzulernen, die alle auf Facebook waren. Aber »ich begann mich sehr schnell zu langweilen und loggte mich lange nicht mehr ein. Letztes Jahr habe ich mich schließlich abgemeldet und vermisse es nicht im Geringsten.« – Jeder ist eben, wie er ist.

Meine E-Mails sind entweder knappe und effiziente Mitteilungen oder lange und nachdenkliche Konversationen. Genau wie meine Konversationen in der echten Welt. Wie in der echten Welt neigen wir Introvertierten auch online dazu, mit Worten sparsam umzugehen. Wir mögen sinnloses Gejammer online ebenso wenig wie offline. Ich habe offenbar eine höhere Toleranz dafür als der Introvertierte, der sich auf Facebook langweilte, aber ich blende Leute aus, die viel Lärm um nichts zu machen scheinen.

Und wenn Sie wie ich Freude an Facebook haben (oder am Bloggen oder an Tumblr), sind Sie wahrscheinlich sehr geübt darin, interessante Artikel und Links zu finden und zu teilen, weil wir Introvertierten gerne in aller Ruhe online herumstöbern. Ich bin ziemlich sicher, dass mein Blog über Introversion eine Menge Leser hat, weil Introvertierte gerne vor ihren Computern sitzen. Wir finden eine Menge guter Dinge und freuen uns, sie weiterzugeben. Das Teilen von Links oder nachdenkliche Statuszeilen sind eine großartige Möglichkeit, interessante Konversationen zu beginnen. Stellen Sie etwas ein und schauen Sie, wer anbeißt.

Auch Twitter kann zum introvertierten Stil passen. Wir können gut etwas mit möglichst wenig Worten sagen, daher ist die 140-Zeichen-Grenze für uns eine feine Sache. Twitter ist, wie es eine Introvertierte in einer Online-Diskussion gepostet hat, »super für kleine, beißend sarkastische Kommentare«.

Trotzdem, so sehr ich die CVK mag, am Ende eines Arbeitstages verursachen mir all diese Stimmen online denselben müden Kopf, den ich auf einer Party bekomme oder nach längeren persönlichen Begegnungen. Auch hier gilt: Wir sind, wie wir sind. Manchmal stelle ich fest, dass es mich ärgert, wenn Leute meine Statuszeilen kommentieren, was natürlich albern ist. Wenn Sie sich exhibitionistisch verhalten, müssen Sie damit rechnen, dass die Leute schauen. Wenn das passiert, weiß ich, dass es Zeit ist, die Show zu beenden.

Manchmal reicht es aus, nur über Nacht abzuschalten, manchmal brauche ich ein ganzes Wochenende »ohne«. Auf Reisen, wenn ich wenig Zeit habe, online herumzublödeln, stellt sich dasselbe Gefühl überraschter Erleichterung ein, als wenn ein Geräusch, das ich bewusst wahrgenommen hatte, plötzlich verstummt.

Manchmal kommt es auch vor, dass ich ein starkes Bedürfnis verspüre, die CVK abzuschalten und unter Menschen aus Fleisch und Blut zu gehen. Ich fange an, mich trocken und staubig zu fühlen, und bin die winzigen, in Quadrate gesperrten Gesichter leid. Ich brauche für meine Interaktionen mehr Pep. Dann treffe ich eine Verabredung, vielleicht auch zwei oder drei.

Für uns Introvertierte ist es wichtig, immer wachsam und sensibel dafür zu bleiben, wann wir aus reiner Trägheit zulassen, dass die CVK unser soziales Leben dominiert. Es ist ja nicht so, dass wir Online-Kontakte bevorzugen, aber sie sind so viel einfacher, als aus dem Haus zu gehen. Daheim zu sein ist der ›Standard‹, und es ist umso leichter, diese Standardeinstellung zu übernehmen, wenn wir uns nicht isoliert fühlen müssen, wenn wir nicht wollen. Bleiben Sie daher wachsam, und achten Sie auf Ihre eigenen Warnsignale, Ihr Leben könnte sich zu sehr im Computer abspielen.

Computervermittelte Kommunikation kann Spaß machen und erfüllend sein. Wie jede andere Form der Kommunikation auch allerdings nur bis zu einem gewissen Punkt.

Der fröhliche Lärm der Extroversion

Eine sich selbst als extrovertiert bezeichnende Frau fragte mich kürzlich, warum sich Introvertierte von Extrovertierten angezogen fühlen, insbesondere wenn doch Extrovertierte sie zu so schrecklichen Dingen anstiften, wie auf Partys zu gehen. Es war zwar eher scherzhaft gemeint, die Frage ist jedoch gut. Und auch jetzt noch lautet meine Antwort, dass die Frage nicht so einfach zu beantworten ist. Beziehungen sind eine komplizierte Sache, jede ist anders.

Einige von uns Introvertierten umgeben sich mit Extrovertierten, die, wie es ein Introvertierter darlegte, für diejenigen unter uns super sind, die sich gerne zurücklehnen und das Treiben beobachten. »Extrovertierte sind mit Abstand am lustigsten zu beobachten«, sagte er. Und einige Extrovertierte fühlen sich auch von Introvertierten angezogen. »Es ist eine Art Herausforderung, sie dazu zu bringen, sich zu öffnen«, schrieb jemand in einem Online-Forum. »Wenn sie erst einmal bereit sind, sich Ihnen zu öffnen, sind sie zudem durchgedreht und meistens überaus amüsant.« – Genau wie Extrovertierte. Diese sind amüsant, wenn Sie sich als Introvertierter nach etwas Tumult in Ihrem Leben sehnen. Wenn Sie sich einem Extrovertierten gewachsen fühlen, liefert er Ihnen einen fröhlichen Lärm. Extrovertierte sind für alles zu haben, stets bereit, wofür auch immer. Bei Introvertierten ist das eher nicht der Fall. Eine Freundschaft mit Extrovertierten bedeutet fröhlich-spaßig-gute Zeiten mit vielen Leuten, und das ist cool. Es kann sogar mehr als cool sein. Es kann gut für uns Introvertierte sein. »Als Kind hatte ich einen extrovertierten besten Freund. Auch andere Freunde waren extrovertiert«, erzählte ein Introvertierter. »Vermutlich merkte ich bereits in jungen Jahren, dass ich zu einer Art Höhlenmensch werden würde, wenn nicht jemand dafür sorgte, dass ich ab und zu das Haus verließ.«

»Es kann amüsant sein, auf der Energiewelle eines Extrovertierten mitzuschwimmen«, sagte ein anderer Introvertierter, der eine Extrovertierte geheiratet hat und ihre soziale Gewandtheit bewundert. Solange es niemanden verletzt, ist nichts falsch daran, am Rockzipfel Extrovertierter zu hängen und sie die soziale Schwerarbeit erledigen zu lassen, während man sich an der Szene erfreut. Ein Introvertierter erklärte, dass einige seiner engsten Freunde extrovertiert sind – und dass er sich nie hätte vorstellen können, mit ihnen befreundet zu sein, bis sie doch irgendwie Freunde wurden.

Aber selbst Introvertierte, die sich von Extrovertierten angezogen fühlen, können sie als anstrengend empfinden. Und es ist nicht immer einfach, Extrovertierten verständlich zu machen, dass man keine Spaßbremse ist, sondern tatsächlich Zeit zu Hause für sich allein braucht. »Ich habe festgestellt, dass es schwierig sein kann, Freundschaften aufrechtzuerhalten, insbesondere mit Extrovertierten«, schrieb ein Introvertierter. »Es macht mir nichts aus zu telefonieren, sie zum Essen zu treffen oder mir ihre Probleme anzuhören, aber diese Dinge scheinen stärker an mir zu zehren, als es meine Fähigkeiten zulassen. Häufig bin ich für den Rest des Tages wie ausgelaugt.«

Möglicherweise stellen wir Introvertierten fest, dass wir unsere Freundschaften mit extrem Extrovertierten auf einem beiläufigen Niveau belassen. Einer der Gründe dafür kann sein, dass es für Introvertierte schwierig ist, eine Freundschaft mit jemandem zu festigen, den sie immer nur in einer größeren Gruppe sehen. Extrovertierte, die nicht verstehen können, dass eine Freundschaft für mich voraussetzt, den anderen auch einmal unter vier Augen zu treffen, werden bei mir nie aus der Kategorie »Bekanntschaft« (oder auch enge Bekanntschaft) in die Kategorie »Freund« wechseln.

Andere Introvertierte scheinen sich unabsichtlich mit Extrovertierten zu umgeben und fühlen sich dann wie Sonderlinge. Introvertierte, die unter Extrovertierten leben, sollten vielleicht einmal in sich gehen, um herauszufinden, ob sie Introversion nicht mit Schüchternheit verwechseln: Kann es sein, dass Sie gerne mit Leuten zusammen, aber ängstlich sind? Schüchternheit können Sie überwinden, wenn Sie das wollen. Das ist jedoch nicht nötig, wenn Sie feststellen, dass es Ihre sozialen Bedürfnisse befriedigt, Zeit mit Extrovertierten zu verbringen. Wenn Sie sich jedoch in einer lärmenden Clique häufig in die Enge getrieben und einsam fühlen, werden Sie vielleicht weniger von Extrovertierten angezogen, als dass Sie in solche Beziehungen hineinschlittern. – Wie die Frau, die sich bei der Kolumnistin Carolyn Hax Rat holte, da sie sich immer wieder in Beziehungen mit charmanten Typen wiederfand, die ihr nachliefen. Hax antwortete: »Sie sind, wie ich vermute, introvertiert, lehnen sich zurück und lassen sich von den Leuten auswählen. Charme und Charisma sind sehr amüsant und wirken auf Introvertierte belebend – so werden sie aus dem Haus gelockt, sind beschäftigt und es bleibt ihnen erspart, Unterhaltungen beginnen oder in Gang halten zu müssen …«

Introvertierte können auch auf Extrovertierte anziehend wirken, insbesondere auf »Typen, die gerne im Mittelpunkt stehen«, wie eine Introvertierte sie beschreibt. Erstens können wir gut zuhören, was für Extrovertierte, die (immer) viel zu sagen haben, eine Art Droge ist. Außerdem konkurrieren wir in Gesellschaft nie mit ihnen um die Aufmerksamkeit. Das kann für unsere extrovertierten Freunde großartig sein, denn Aufmerksamkeit ist für sie ein wichtiger Kraftstoff.

Zugegeben, das kann für uns Introvertierte zeitweilig ein Nachteil sein. Manchmal muss ich in Gesellschaft Extrovertierter darum kämpfen, auch einmal zu Wort zu kommen. Es gab viele Unterhaltungen, an denen extrovertierte Freunde sich anfangs nur aus Freundlichkeit beteiligten, dann jedoch das Wort an sich rissen und mich übertönten. Ich kann in einer Unterhaltung nicht gut um Redezeit wetteifern, daher werde ich leicht an den Rand gedrängt.

Niemand möchte gerne nur mit Introvertierten oder nur mit Extrovertierten befreundet sein. Gut ist eine Mischung. Falls Sie jedoch den Verdacht haben, dass Sie standardmäßig mit Extrovertierten zusammen sind, einfach weil diese Sie auswählen, und falls diese Freundschaften für Sie nicht erfüllend sind, sollten Sie sich vielleicht auch einige ruhige Freunde suchen. Es ist für Introvertierte nicht immer leicht, Freundschaften zu schließen, aber Sie sollten das nicht anderen überlassen. Introvertierte und Extrovertierte können natürlich befreundet sein, wenn es ihnen gelingt, die Natur des anderen zu verstehen.

Eine erklärte Extrovertierte tadelte mich, weil ich gesagt hatte, ich müsse für extrovertierte Freunde »in der richtigen Stimmung« sein. Sie sagte: »Ich muss nicht ›in der richtigen Stimmung‹ sein, um Zeit mit meinen Freunden zu verbringen, egal ob sie intro- oder extrovertiert sind. Freundschaften sollten nicht stimmungsabhängig sein.«

In gewisser Weise stimmt das. Wenn mich ein Freund oder eine Freundin brauchen würde, wäre ich zur Stelle, unabhängig von meiner Stimmung. Aber wenn es nur darum geht, gesellig zusammen zu sein, bin ich mit allem Respekt anderer Meinung. Ich vermute, diese Extrovertierte hat keine wirkliche Vorstellung davon, was es bedeutet, für andere in Stimmung zu sein. Das ist eine Angelegenheit der Introvertierten.

Weil sie uns lieben

Familienmitglieder, die kein Verständnis für Ihre Introversion haben, können ein Problem sein. Sie glauben, Sie besser zu kennen als Sie sich selbst und überlegen oft nicht, was sie sagen. Trotz alledem: Sie gehören alle zu einer Familie! Kommt noch hinzu, dass Kritik aus der Familie am schwersten zu parieren ist, weil im Hinterkopf immer ein paar kleine quälende Zweifel bleiben: Vielleicht haben sie ja recht? Vielleicht kennen sie mich wirklich besser, als ich mich selbst kenne? Vielleicht bin ich mürrisch, schüchtern, schmollend, unfreundlich, zickig und weiß es nur nicht? Im Grunde bedient die Familie nicht nur unsere »Knöpfe« – sie hat diese Knöpfe auch erfunden.

Es ist ein schwieriges Unterfangen, sich gegen Menschen durchsetzen zu wollen, die aufrichtig glauben, nur in unserem besten Interesse zu handeln. Sie selbst möchten ja nicht, dass Ihre Lieben sich schlecht fühlen oder es zu einem Streit kommt. Das Einzige, was Sie wirklich wollen, ist vielleicht, einfach nur ruhig dazusitzen und zu lesen.

Ich kann Ihnen nicht sagen, wie Sie Ihre Familienprobleme lösen können. Es gibt Profis, die ihr ganzes Berufsleben damit zubringen und denen ich diese komplizierte Sache gerne überlasse. Es gibt jedoch Möglichkeiten, wie Sie versuchen können, den Familienfrieden und Ihre geistige Gesundheit zu erhalten, wenn Ihre Familie Ihnen wegen Ihrer Introvertiertheit auf die Pelle rückt. Das Kunststück dabei ist, dass Sie in Ihrer Mitte bleiben und sich nicht reizen lassen, denn je mehr Sie sich aufregen, desto mehr fühlen sich die anderen wahrscheinlich im Recht: *»Siehst du? Siehst* *du, wie empfindlich du durch dieses viele Alleinsein schon geworden bist?«*

Wenn Sie selbst wissen, dass Sie introvertiert sind, dann wissen Sie das eben und basta. Sie müssen nicht kämpfen, um es zu beweisen. Erklären Sie sich, wenn Sie das möchten, aber rechtfertigen Sie sich nicht. Beschränken Sie sich auf das Wesentliche. Wenn Sie ein Teenager sind und Ihre Mutter schimpft: »Geh raus, es ist nicht gesund, so viel Zeit allein zu verbringen!«, können Sie einfach aufstehen und aus dem Haus gehen – nehmen Sie ein Buch mit und gehen Sie in ein Café, einen Park oder eine Bibliothek. So tun Sie, was Ihre Mutter gesagt hat, aber auf Ihre Weise. Subversiv? Und ob. Aber auch ein Selbstschutz.

Als Teenager blieb ich am Wochenende oft lange im Bett und lauschte, bis ich hörte, dass sich die Aktivitäten meiner Familie aus der Küche verlagerten, sodass ich in Ruhe frühstücken konnte. Heute bleibe ich noch lange auf, nachdem mein Mann, der gerne früh schlafen geht, sich ins Traumland verabschiedet hat, damit ich die Zeit für mich allein bekomme, die ich brauche. (Ich arbeite den ganzen Tag allein, aber das ist etwas anderes, weil mein Gehirn während der Arbeit mit vielen Dingen beschäftigt ist. Nachts gibt es nur mich und den Fernseher und vielleicht ein stupides Computerspiel, wenn ich mein Gehirn vor dem Schlafen herunterfahren will.)

Das in der Ferien- oder Urlaubszeit typische, erzwungene familiäre Zusammensein kann für Introvertierte besonders strapaziös sein. Einmal hatte ich in den Ferien eine Woche lang Hausgäste, was mich dazu brachte, teilweise in meine alten Verhaltensweisen als Jugendliche zurückzufallen und meine erste Tasse Kaffee im Bett zu trinken (dank meines lieben Mannes, der sie mir brachte), bevor ich der Fröhlichkeit des Tages gegenübertrat. Zu einem längeren Familienbesuch breche ich nie auf, ohne Wanderschuhe einzupacken. Wenn ich merke, dass mir alles zu viel wird, ziehe ich sie an, um »etwas Bewegung zu haben«. Dagegen kann niemand etwas vorbringen, denn das tut mir gut. So kann ich mir in der Regel eine Stunde Alleinsein erkaufen.

Manchmal können Sie sich als Introvertierter auch verstecken, obwohl Sie voll im Blickfeld sind. Eine Clique kann den Druck von einer Einzelperson nehmen. Ein Familienausflug in ein Einkaufszentrum bietet die Möglichkeit, zwischen den Kleiderständern umherzuspazieren, sich in eine Umkleidekabine zurückzuziehen oder allein ein Geschäft zu betreten. Wenn dies in einer Zeit stattfindet, in der viele Geschenke gekauft werden, können Sie durch Geheimnistuerei um die Geschenke Zeit für sich allein gewinnen. Kinobesuche sind eine weitere Flucht, ohne flüchten zu müssen. Sie sind alle zusammen und doch nicht. Sie können entweder dem Film folgen oder sich für ein paar Stunden einfach an den glücklichen ruhigen Platz in Ihrem Kopf zurückziehen.

Dann wäre da noch das Pseudo-Opfer: Einkaufspflichten beispielsweise. Als Freiwilliger in den Lebensmittelladen oder schnell noch mal in ein Geschäft gehen, um die vergessene Zutat zu holen, und schon können Sie die Regalreihen abgehen, betäubt durch die Musikberieselung, mit nichts anderem Zwiesprache haltend als mit Rosenkohl und Kürbis in Dosen. So viel Zeit für Sie allein, die Sie sogar noch als edle Geste verkaufen können.

Manchmal müssen Sie nicht einmal das Haus verlassen. Denken Sie an ein Puzzle. Bauen Sie es auf, und da ist es und bietet Ihnen inmitten des Chaos, das Sie vielleicht umgibt, eine Atempause. Machen Sie sich an die Puzzle-Arbeit, und schon verschieben Sie Ihren Fokus von den Menschen auf das Puzzle, das niemals plaudert oder nörgelt. Ich habe festgestellt, dass auch Stricken hilft, meinem Gehirn während solcher Herumsitzzeiten im Familienkreis etwas Freiraum zu verschaffen. So erlebe ich bewusst, was um mich herum geschieht, und kann daran teilnehmen, aber die kleine Aufgabe beschäftigt den umherwandernden Teil meines Geistes und kommt somit dem Alleinsein unter Menschen recht nah. Ich weiß nicht genau, warum dieser kleine Hokuspokus bei mir funktioniert, aber er tut es.

Wir Introvertierten wünschen uns alle, dass unsere Familien unsere wirkliche Natur verstehen und wertschätzen. Und wenn wir uns ruhig und ohne Feindseligkeit durchsetzen, wird unsere liebende

Familie mit der Zeit nicht umhin können, einzulenken und uns so sehen, wie wir sind. Sollte dies nicht der Fall sein, ist das sehr schade. Aber wir müssen sie nicht dazu zwingen. Wir finden dann einfach Behelfsmöglichkeiten. Keine große Sache.

Kleine Introvertierte

Meine Cousine Tami war die Art kleines Mädchen, das sich den Leuten fröhlich in die Arme warf, quietschend, stürmisch und mit freudiger Begeisterung. Meine Mutter schaute erst sie und dann wehmütig mich an. Mama hätte sich gewünscht, dass ich auch so gewesen wäre wie Tami und nicht dieser zurückhaltende, ja reservierte kleine Bücherwurm, der ich war. Einmal sagte sie das sogar. Mein Vater beschrieb mich als »halsstarrig«.

Flüchtig überlegte ich sogar, ob ich versuchen sollte, wie Tami zu sein (sogar ihr Name wirkt schon extrovertierter als meiner), aber ich glaube nicht, dass ich es auch tatsächlich jemals versucht habe. Wirklich, der Gedanke war für mich so wesensfremd und unmöglich, dass meine Mama ebenso gut hätte wünschen können, dass ich mich in ein fliegendes rosa Einhorn verwandle. Kurioserweise war meine Mutter selbst auch ziemlich introvertiert. Wenn sie nicht arbeitete, verbrachte sie einen Großteil ihrer Zeit still bei ihren ständigen Handarbeitsprojekten.

Während wir bereits Probleme haben, bei Erwachsenen Introversion zu akzeptieren, fällt uns dies bei Kindern noch fünfmal schwerer. Von Kindern wird erwartet, dass sie herumhüpfen und singen und kichern und sich den Leuten in die Arme werfen. Von ihnen wird nicht erwartet, dass sie ein Buch in ihr Kämmerchen mitnehmen, die Türe zumachen und auf einem niedrigen Stuhl sitzend stundenlang lesen, was in der Kindheit ein Zeitvertreib von mir war.

Ich bin entsetzt über Eltern, die darauf bestehen, dass ihre Kinder Freunde und Verwandte umarmen und küssen; ich neige dazu, mich bei Kindern zurückzuhalten und zu warten, dass sie in ihrem eigenen Tempo mit mir warm werden. Wenn dies nie geschieht, dann ist es eben so. Niemand muss mich mögen, und niemand sollte dazu gezwungen werden, so zu tun als ob. (Ist es nicht außerdem so, dass man Kindern beibringt, dass ihnen ihr Körper nicht gehört, wenn man sie zwingt, Zuneigung zur Schau zu stellen, wenn sie das gar nicht wollen? Ohne jemandem zu nahe treten zu wollen: Das ist wahrscheinlich nicht die beste Lektion für ein Kind.)

Ich habe selbst keine Kinder und nur wenig regelmäßigen Kontakt zu Kindern, daher spreche ich überwiegend als einstiges Kind und Beobachterin. Zudem habe ich über die Jahre von vielen Introvertierten gehört, die von ihren Eltern Schamgefühle eingetrichtert bekamen, weil sie waren, wie sie waren.

»Meine Familie glaubt, dass mit mir etwas nicht stimmt, psychisch, und sie können einfach nicht verstehen, warum ich allein am glücklichsten bin«, schrieb eine Introvertierte. »Meine Mutter ist der Meinung, ich müsste sofort zu einem Therapeuten gehen, bevor ich depressiv werde.«

Eine andere Introvertierte ist noch immer betroffen von den Kommentaren ihrer Mutter über ihr stilles Wesen und ihren Mangel an Freunden – obgleich die Mutter ebenfalls introvertiert war. »Durch diese Kommentare fühlte ich mich als Erwachsene in Gesellschaft sogar noch unwohler, da ich vermutete, die Leute würden mich verurteilen, wenn ich nicht viel zum Gespräch beitrage.«

»Ich glaube, ich bin ein Gott des betretenen Schweigens«, schrieb eine andere. »Meine Eltern werden deshalb wütend, aber sie haben verdammt noch mal keine Ahnung, was in meinem Kopf vorgeht.«

Ich habe auch von den Eltern introvertierter Kinder gehört, dass deren Lehrer ihre Sorge über die Entwicklung oder den Geisteszustand des Kindes zum Ausdruck gebracht haben. »Mein intelligenter, introvertierter Sohn fährt nächste Woche mit einer Gruppe ins Ausland«, schrieb eine Introvertierte. »Sein Gruppenleiter hat mich mehrmals gefragt, ob er jemals ›aus sich herausgeht‹.« Eine andere Mutter war höchst besorgt, weil der Lehrer ihres Kindes empfohlen hatte, dieses auf das Asperger-Syndrom testen zu lassen.

Natürlich habe ich keine Ahnung, ob dieses Kind Asperger hat und der Vorschlag vielleicht nicht völlig aus der Luft gegriffen ist. Eltern brauchen jedoch keine Panikmache, wenn ihr Kind lieber still für sich allein spielt als mit anderen oder wenn es in der Schule nur einen Freund und keine Clique um sich hat oder lieber lesen möchte als auf dem Klettergerüst herumzuklettern oder wenn es Leichtathletik einem Teamsport wie Fußball vorzieht.

Eine introvertierte Mutter eines introvertierten Sohnes erzählte, der Vorschullehrer ihres Sohnes habe sich besorgt geäußert, weil das Kind nur wenig mit anderen Kindern interagierte. Der Lehrer fürchtete, der Junge könne allein und isoliert sein. »Als ich meinen Sohn fragte«, schrieb die Mutter, »sagte er: ›Nein Mama, ich bin gerne allein‹!«

Die Frage, die Eltern sich daher stellen sollten, wenn sie ein einzelgängerisches Kind haben, ist: »Wirkt mein Kind unglücklich?«

Denn wirklich, im Endeffekt ist es doch so: Wenn Sie allein glücklich sind, warum sollte es Sie – oder irgendjemanden sonst – überraschen, dass es bei Ihrem Kind ebenso ist?

Um ein introvertiertes Kind zu erziehen, müssen Sie sich zuerst einmal mit Ihrer eigenen Introversion wohlfühlen. Das Ziel aller Eltern ist es (oder sollte es sein), Vorbild zu sein. Falls Sie sich daher für Ihre Introversion schämen oder versuchen, einen anderen Menschen aus sich zu machen, wie können Sie dann darauf hoffen, Ihrem Kind beizubringen, sich an seinem ruhigen Platz wohlzufühlen?

Es ist nicht schwer, unabsichtlich Selbstzweifel in einem Kind zu wecken, wenn man es ständig nach draußen schickt, damit es mit anderen spielt, sich über die Menge an Freundschaften sorgt oder sich ärgert, dass es ein Abendessen im Familienkreis einer großen Geburtstagsfete mit Clown und Topfschlagen vorzieht. (Mögen tatsächlich alle Menschen Clowns? Vielleicht ist das auch etwas für Extrovertierte. Zudem haftet ihnen der Geruch der Publikumsbeteiligung an. Bewahrt mich vor Clowns!)

Alle Eltern machen sich Gedanken, ob ihre Kinder glücklich sind, und Eltern neigen dazu, für die Gemütsverfassung ihrer

Kinder übermäßig empfänglich zu sein. Nachdem extrovertiertes Glücklichsein sehr viel einfacher zu erkennen und zu verstehen ist als introvertiertes Glücklichsein, ist es durchaus verständlich, dass Eltern versucht sein können, ihr Kind dahin zu bringen, sich so zu verhalten, dass ihre Ängste zerstreut werden. Wenn ein Kind normalerweise gesellig und kontaktfreudig ist und sich plötzlich zurückzieht, ist dies natürlich ein wichtiges Alarmzeichen, das nicht ignoriert werden darf. Wenn Ihr Kind es jedoch konsequent vorzieht, allein zu sein und nicht in Gesellschaft, wenn es stundenlang allein spielen kann, ein gutes Buch liebt, ein ruhiges Zimmer und Zeit mit einzelnen Freunden und der Familie, dann haben Sie ein introvertiertes Kleines, dem Sie viel Raum geben sollten, damit es tun kann, was es von sich aus möchte.

Sicher, manchmal werden Sie das nachprüfen wollen – Sie werden Ihren Kopf hin und wieder zur Tür hineinstecken und fragen: »Alles okay?« Führen Sie offene Diskussionen über Partyeinladungen. Sorgen Sie dafür, dass Ihr Kind den Unterschied zwischen Alleinsein und Einsamkeit lernt und erkennen kann. Sprechen Sie über Ihre eigenen Bedürfnisse und Präferenzen, damit diese sich in der Wahrnehmung Ihres Kindes normalisieren.

Vielleicht sollten Sie Ihrem Kind auch bei anderen Personen, wie Lehrern oder Großeltern, den Rücken stärken, denen (noch) das Verständnis fehlt. Jeder, der sich um Ihr Kind sorgt, tut dies natürlich aus Zuneigung, und das können Sie nur wertschätzen. Aber Sie müssen vielleicht einige Dinge erklären, wozu Ihr Kind noch nicht in der Lage ist, damit andere es auch ernst nehmen.

Lieben Sie Ihre Kinder so, wie sie sind, dann werden diese Sie auch auf ihre Art lieben – wozu gehören kann, aber nicht muss, dass sie sich mit begeistertem Quietschen in Ihre Arme werfen.

Liebt uns, aber lasst uns mal allein

In einer perfekten Welt überwindet die Liebe alles und das ist ein wunderschönes Gefühl. Aber wir leben leider in einer unvollkommenen Welt und so braucht die Liebe gelegentlich etwas Unterstützung. Ich habe eine Menge trauriger und aufreibender Geschichten über Introvertierte und Extrovertierte gehört, die versucht haben, sich zu lieben, und dabei gescheitert sind. Die Kolumnistin Carolyn Hax riet einer Extrovertierten, die wegen ihres introvertierten Freundes frustriert war, jedoch behauptete, andererseits seien ›die Grundlagen der Beziehung gut‹: »Ich kann mir nichts grundlegend Gegenteiligeres vorstellen als Ihre Persönlichkeiten.«

Das soll nicht heißen, dass der Fall hoffnungslos ist. Introvertierte und Extrovertierte können bis an ihr Lebensende glücklich zusammenleben. »Ich bin mit einer Extrovertierten verheiratet und mag es, wie sie alle diese Dinge handhabt, die mich erschaudern lassen: leichte Konversation, das Miteinander-Bekanntmachen, ein Thema finden, über das man sprechen könnte«, sagte ein Introvertierter.

»Meine extrovertierte Frau und ich, ein Introvertierter, sind seit über vierzig Jahren glücklich verheiratet«, schrieb ein Mann. »Ein Schlüssel dazu ist, eine für beide zufriedenstellende Lebensweise zu erarbeiten – ich begleite sie auf einige Veranstaltungen, zu denen sie gerne gehen möchte, damit sie glücklich ist, und von einigen anderen halten wir uns fern, damit ich glücklich bin.«

»Ich sympathisiere mit Introvertierten und kann verstehen, dass sie mich als lästig empfinden können«, räumte ein Extrovertierter ein. »Am besten meide ich extrem Introvertierte. Das funktioniert einfach nicht. Jedoch … ein gewisses Maß an Introversion ist häufig ein durchaus angenehmer Zug.«

Viele andere Introvertierte jedoch, die auf meinen Blog schrieben, klagten über ihre Nöte durch die Persönlichkeitskonflikte. Eine schrieb, als Studentin habe sie sich oft mit extrovertierten Männern getroffen. »Während der Spaß in Jugendzeiten von der Art war, wie Extrovertierte ihn beschreiben, stellte ich mit zunehmendem Alter fest, dass meine Auffassung von Spaß häufig nicht zu dem passte, was viele Extrovertierte darunter verstehen.«

»Mein Ex-Mann war extrovertiert und konnte mein Bedürfnis, Zeit für mich allein zu haben, nie verstehen«, schrieb eine andere. »Obgleich er meine ständige Aufmerksamkeit wollte, bekam er doch nie genug davon. Nach elf Jahren ist unsere Ehe nun daran zerbrochen. Mein Mann kann (und will) nicht verstehen, warum ich so bin, wie ich bin. Er bezeichnet mich als Einsiedlerin. Das bin ich auch, betrachte dies jedoch nicht als etwas Schlechtes!«

Bei einigen extrovertierten Ehepartnern klingt das nach ganz alltäglichem Versagen. »Ich lebe derzeit getrennt von meinem extrovertierten Mann, nachdem ich jahrelang von ihm herabgesetzt wurde, weil er mich als ungesellig, einsiedlerisch, träge, versnobt, egozentrisch und was auch immer empfand – er nahm jeden Aspekt meiner Introversion und versuchte ihn so hinzudrehen, dass ich mir vorkam wie ein ganz schrecklicher Mensch«, schrieb eine Introvertierte.

Das, glaube ich, hatte nichts damit zu tun, dass ihr Mann extrovertiert war, sondern nur damit, dass er ein fieser Kotzbrocken war. Wir sind alle gut beraten, Leute zu meiden, die die Art von Energie aufbringen, damit andere sich mies fühlen.

Aber wir wollen über gute Menschen sprechen, die versuchen, mit Differenzen umzugehen. Wie jede langfristige Beziehung verlangen auch Beziehungen zwischen Introvertierten und Extrovertierten gegenseitigen Respekt, Kompromisse, Mitgefühl und Empathie. Wir Introvertierten müssen immer bedenken, dass unser Weg nur *ein* möglicher Weg ist. Unterschiede wertfrei zu erkennen ist der erste Schritt, sie so zu respektieren, dass eine Beziehung möglich wird. Und Respekt bedeutet unter anderem, nicht die Augen zu verdrehen, keine abfälligen Bemerkungen, keine Rechtfertigungen und auch keine Schamgefühle. Im Grunde sind Introversion und Extroversion, richtig gemanagt, wie Yin und Yang und können in einer Paarbeziehung durchaus funktionieren. Ein Extrovertierter kann neue Menschen in das Leben eines Introvertierten bringen, während ein Introvertierter zu Hause und in der Beziehung für friedliche Räume sorgen kann.

Sie können einem Extrovertierten ebenso wenig einreden, weniger soziale Interaktion zu brauchen und zu wollen, wie ein Extrovertierter einem Introvertierten einreden kann, dass er mehr davon möchte. Letztlich können wir einander nur so sein lassen, wie wir sind. Extrovertierte bekommen die Freiheit, ohne Schuldgefühle allein unter Leute zu gehen. Betrachten Sie das einfach als eine Möglichkeit, das Haus für sich zu haben. Und wenn Sie tiefe, innige Gespräche mit Ihren Freundinnen führen wollen, brauchen Sie dann wirklich Ihren Partner dabei? Mein Mann ist extrovertierter als ich, in unserer Ehe gilt jedoch die Regel, dass keiner von uns an irgendeinem sozialen Event teilnehmen muss. Manchmal gehe ich ohne meinen Mann aus; manchmal geht er ohne mich aus. Da wir uns gegenseitig die meiste Zeit Freiheit lassen, können wir problemlos gnädig sein, wenn wir einmal »bitte, bitte« darum gebeten werden, etwas zu tun, was uns nicht begeistert.

Und ja, das kann eine klare Diskussion erfordern, was unangenehm klingen mag, aber befreiend ist. Eine Introvertierte erzählte, sie und ihr Mann seien bereits mehrere Jahre verheiratet gewesen, bis sie ein Gespräch darüber hatten und Richtlinien für Geselligkeiten festlegten. Die Belastungszeiten bei diesem Paar waren die Urlaube, die praktisch immer mit Freunden verbracht wurden oder in denen Freunde besucht wurden oder man Hausgäste hatte, weil das Paar in einer bei Touristen sehr beliebten Gegend wohnt. Nach dem Gespräch schrieb sie: »Der Urlaub gehört nur uns. Wir können jedes Jahr ein paar lange Wochenenden verbringen, an denen wir Freunde besuchen und/oder mit Freunden reisen, aber der *echte* Urlaub muss frei von Freunden bleiben. Einmal im Monat können wir Wochenendgäste haben. (Mir ist das zu viel, aber es ist ein Kompromiss.)«

Die erste Aufgabe ist also, einige Parameter festzulegen. Von da aus sind wir für unser eigenes Wohlbefinden außerhalb unserer Komfortzone verantwortlich. Sie möchten nicht zur Firmenparty Ihres Partners gehen? Wenn Ihr Partner Sie *wirklich* gerne dabei haben möchte, raffen Sie sich auf und machen Sie das Beste daraus. Partys werden vielleicht einfacher, wenn Sie im Voraus entscheiden, wie lange Sie dort bleiben werden. Oder Sie fahren mit zwei Autos, damit Sie sich jederzeit verdünnisieren können. Neue Leute kennenzulernen kann vielleicht einfacher werden, wenn Sie eine Aktivität planen – einen Museumsbesuch oder den Besuch eines Straßenfestes – anstatt nur herumzusitzen und eine gehemmte Konversation zu führen, um sich kennenzulernen. Wochenenden mit den Schwiegereltern sind besser zu managen, wenn Sie wissen, dass Ihr Partner Ihnen Rückendeckung geben wird, wenn Sie eine Weile untertauchen, um etwas Ruhe zu haben. Auch hier gilt, dass dies eine ehrliche Diskussion voraussetzt. Aber eine einzige gute Diskussion kann eine Million angespannter Situationen verhindern.

Auch das Telefon ist oft eine erstaunliche Quelle für Spannungen. Muss der eine jeden Anruf annehmen, weil der andere es nicht möchte? Mein Mann benützt ausschließlich sein Handy; wenn ich daher nicht in der Stimmung bin, an unser Festnetz zu gehen (was in 97,9 Prozent der Fall ist), kümmert er sich nicht darum. Und während er nötige Absprachen (wie die Essenszeit) tagsüber per Mail erledigt, rufe ich ihn manchmal an, weil es für ihn angenehmer ist – auch wenn er mir zustimmt, dass ich am Telefon schrecklich bin.

So gerne Sie auch mit dem geliebten Menschen zusammen sind: Wenn Sie ein starkes Bedürfnis nach Ruhezeiten haben, müssen auch diese ausgehandelt werden. Mein Mann beispielsweise ist ein Frühaufsteher, ich bin eine Nachteule, auf diese Weise bekommt jeder von uns seine täglichen Zeiten für sich allein. Ich unternehme meine beruflichen Reisen allein, und es macht ihm nichts aus, gelegentlich Strohwitwer zu sein. Er mag das sogar. Man muss sich dafür nicht entschuldigen, sondern kann damit liebenswürdig umgehen. Bestehen Sie beispielsweise auf Ihrer Ruhezeit nach der Arbeit, wenn Sie diese brauchen, anschließend sollte Ihr Partner jedoch entsprechend lange Ihre ungeteilte Aufmerksamkeit bekommen. Wenn Sie Kinder haben, kommt eine weitere Verhandlungsebene hinzu. Vielleicht kann der extrovertierte Ehepartner jeden Tag in der Zeit die Kinderbetreuung übernehmen, in der der andere ein paar Momente der Ruhe am nötigsten hat.

Der extrovertierte Partner braucht vielleicht eine explizite Erklärung, was für den anderen »allein sein« bedeutet, erfuhr ein Introvertierter. »Es zeigte sich, dass die Definition von ›allein sein‹ für meine extrovertierte Frau hieß, ›allein mit der Familie‹ (also mit ihr und später unserer Tochter), und sie war ernstlich verletzt durch mein Bedürfnis, auch ohne sie zu sein«, schrieb er.

Introvertierte und Extrovertierte müssen vielleicht sogar erst einmal herausfinden, wie sie produktiv streiten können. Als mein Mann und ich anfingen, uns regelmäßig zu verabreden, musste ich meinem Mann versprechen, dass ich wichtige Dinge, die ich ihm sagen wollte, nie in einem Brief schreiben würde, was lange Zeit mein bevorzugter Weg gewesen war, Freunden und lieben Menschen etwas Schwieriges mitzuteilen. Ich muss zugeben, dass mich diese Regel beeinträchtigt hat. Mir fällt Schreiben sehr viel leichter als Reden. Ein paar Mal habe ich tatsächlich einen Brief geschrieben und ihm diesen dann vorgelesen. Wenn jedoch Briefe für ihn so bedrohlich sind, und das sind sie, dann ist es zu meinem Vorteil, sie zu vermeiden, insbesondere in Situationen, die ohnehin schon heikel sind.

Eine andere Introvertierte erklärte, wie sie und ihr extrovertierter Mann sich mit ihrem unterschiedlichen Kommunikationsstil arrangierten. »Er versteht mein Bedürfnis nicht, erst zu verarbeiten, wie ich mich fühle, und es dann in Worte zu fassen. Aus seiner Sicht wirkt es, als würde ich abschalten und wäre nicht bereit, an dem Problem zu arbeiten. Mit der Zeit ist es uns gelungen, uns an den jeweiligen Stil des anderen anzupassen. Er gibt mir etwas Zeit für mich, um das Problem zu überdenken, und ich versuche, so schnell wie möglich meine Gedanken zu verbalisieren.«

Die gute Nachricht ist, dass Ehen zwischen Introvertierten und Extrovertierten nicht unmöglich sind. Alles, was sie verlangen, sind Toleranz, Offenheit und einige Grundregeln.

»Ich hasse es verdammt noch mal, wenn sie das sagen«

Der Titel dieses Kapitels ist ein Zitat der Schauspielerin Kristen Stewart, die als Bella Swan in den *Twilight*-Filmen berühmt wurde. Stewart bekam nach einem Auftritt bei *Oprah* auch eine Menge Ärger, weil sie mürrisch gewirkt hatte. Kritisiert wurde sie auch, weil sie es hasst, von Paparazzi verfolgt zu werden, und sie generell die Aufmerksamkeit der Öffentlichkeit für ihre Schauspielkarriere nicht zu genießen scheint. Aber nicht nur das, einige ihrer Fans und Followers scheinen der Ansicht zu sein, dass sie ihnen etwas schuldet – dass sie Kristen Stewarts Seele fordern können, weil sie in ihrem erwählten Bereich berühmt geworden ist. Die Leute behaupten, Stewart sei in der Rolle als Filmstar eine Fehlbesetzung, weil sie bei *Oprah* keine intimen Details ihres Lebens bekannt geben wollte, weil sie die Erfahrung des roten Teppichs erdrückend empfindet und weil sie versucht, sich eine gewisse Privatsphäre zu erhalten.

Und das kotzt Kristen Stewart an. »Ich hasse es, wenn die Leute sagen, ich sei undankbar, und ich hasse es verdammt noch mal, wenn sie sagen, dass mir alles sch…egal sei, weil es niemandem weniger egal ist als mir«, sagt sie.

Ja wirklich. Wir Introvertierten wirken sanftmütig und gehören normalerweise nicht zu denen, die das Publikum beschimpfen, aber wir können so stinksauer werden wie jeder andere auch. Uns ärgern Vermutungen, die über uns angestellt werden, und Verhaltensweisen, die man uns vorschreiben möchte. Wir sind nicht immer so direkt wie Kristen Stewart (an dieser Stelle Applaus für ihre

Freimütigkeit), weil wir uns nicht immer darauf einlassen wollen, aber unsere Gedanken schleudern Dolche.

Beispielsweise bei der Behauptung, wir seien hochnäsig oder versnobt. Das ärgert mich und verletzt meine Gefühle. Nur weil wir Introvertierten nicht mit jedem in Hörweite quatschen, heißt das noch lange nicht, dass wir die Leute abschätzig beurteilen und für mangelhaft befinden. Wir sind manchmal einfach nur im Zuhörmodus. Oder wir haben nichts zu sagen. Oder wir sind in Gedanken woanders. Unser Schweigen hat nichts grundsätzlich Unheilverkündendes an sich.

Wir hassen es, wenn gesagt wird, dass wir die Menschen hassen. Das stimmt nicht und lässt uns gemein erscheinen. Wir mögen Menschen. Wir ziehen Menschen in kleiner Zahl und wohldosiert vor, weil wir Menschen sehr mögen und sie wirklich kennenlernen möchten. Wir hassen es, beschuldigt zu werden, dass wir uns nicht amüsieren können. Dies beinhaltet die versteckte (oder offene) Beleidigung, wir seien Versager, Spaßbremsen. Nur weil Spaß für Introvertierte nicht mit Lärm verbunden ist, verwirrt dies manche.

Die Frage »Warum bist du so still?« zerrt an unseren Nerven. Wie soll man diese Frage richtig beantworten, und warum klingt sie so anklagend? »Ich bin halt so«, erscheint offensichtlich, ist es aber offenbar nicht. Es ist meine Standardantwort, auch wenn ich eher sagen möchte, was eine Introvertierte vorschlug: »Einer muss ja still sein.«

Mir wurde einmal vorgeworfen, ich hätte nichts zu sagen, was eine gnadenlose Lüge ist. Die Anschuldigung kam von einem Freund, der viel zu viel zu sagen hatte. In gewisser Weise hatte er recht, weil ich von seinem Wortschwall normalerweise so überwältigt wurde, dass es mir die Sprache verschlug. Mir fiel nicht einmal mehr ein, was ich hätte sagen wollen, wenn ich eine Chance bekommen hätte. Für ihn jedoch wirkte es, als hätte ich nichts zu sagen, weil die Worte nicht aus meinem Mund geschossen kamen.

Trotz unseres stillen Auftretens sind wir Introvertierten nicht notwendigerweise verärgert oder gelangweilt. Wir sitzen einfach da und sind mit unserem eigenen Kram beschäftigt. Warum können die Leute einen nicht in Ruhe lassen? Sie können es einfach nicht. »Warum bist du so ernst?« ist die entsprechende Frage zu einer der unbeliebtesten Aufforderungen: *»Lächeln!«*, oder sogar noch ätzender ein fröhlich geträllertes: *»Schalte mal deine schlechte Laune ab!«*

»Die Leute scheinen anzunehmen, man sei unglücklich, wenn man nicht ständig ein idiotisches Lächeln im Gesicht hat«, beschwerte sich eine Introvertierte. Eine andere schlug vor, man solle antworten, auch wenn man äußerlich ernst wirke, ginge im eigenen Kopf eine Party ab.

Apropos Party: Wir Introvertierten nehmen die Andeutung übel, wir seien Spaßbremsen. Und selbst wenn, verderben wir uns schließlich nur selbst den Spaß. Allen anderen steht es frei zu tun, was ihnen partymäßig beliebt. Zudem ist *»Ach komm' schon!«* nicht die richtige Reaktion auf eine Spaßbremse. Es verbessert die Situation auch nicht, uns am Arm zu nehmen und zu versuchen, uns ins Geschehen zu ziehen. Wir hassen das verdammt noch mal.

Ganz allgemein hassen wir es, wenn Leute versuchen, uns zu Verhaltensweisen zu drängen oder zu zwingen, die gegen unsere Natur sind. Vielleicht wissen sie es nicht, aber Leute, die es drauf ankommen lassen, riskieren, dass wir Introvertierten irgendwann alle so freimütig reagieren wie Kristen Stewart.

Das Ein-Personen-Team

Wissen Sie, was Introvertierte hassen? Teambildungs-Übungen. Was noch? Brainstorming-Sitzungen. Oder auch den Akt, bei einem Meeting aufstehen zu müssen und allen etwas über sich zu erzählen. Und von anderen gesagt zu bekommen, dass man kein Teamplayer sei, weil man nach der Arbeit lieber nach Hause fährt, anstatt mit der Clique aus der Buchhaltung einen trinken zu gehen.

Vieles von dem, was wir darüber »wissen«, wie man in einer Firma weiterkommt, wie Personalmanagement aussieht, wie erfolgreiche Arbeitsteams gebildet werden, wurde eindeutig von Extrovertierten für Extrovertierte entwickelt: »Wie jeder wisse«, seien beispielsweise charismatische Führungskräfte bessere Führungskräfte. Oder Brainstorming-Sitzungen seien der optimale Weg, um Probleme zu lösen und neue Ideen hervorzubringen. Die besten Angestellten seien Teamplayer ...

Ich hänge mich so weit aus dem Fenster zu sagen, dass es keinen Introvertierten auf der Welt gibt, der in einer allgemeinen Brainstorming-Sitzung einen klaren Gedanken fassen kann. Ich selbst neige nämlich in einer solchen Situation dazu, mich eher in meine Gedanken zurückzuziehen, anstatt die Ideen anderer in meinem Kopf zu wälzen. (Hört bei solchen Sitzungen überhaupt einer dem anderen zu? Alle wirken viel zu sehr damit beschäftigt, ihre eigenen Gedanken hinauszuposaunen. Es ist wie bei Twitter – jeder brüllt in die Menge.) Selbst wenn ich eine Idee habe, die es wert wäre, mitgeteilt zu werden, täte ich mich schwer, sie dort anzubringen. Mein Mund öffnet und schließt sich, öffnet und schließt sich, wirft beiläufige Silben ein, die im Lärm untergehen, bis der Gedanke aus meinem Kopf entfleucht ist. Ich mache mir in Meetings sehr viele Notizen – Dinge, über die ich später nachdenken will, oder Ideen, die mir einfallen und die es vielleicht wert sind, später, außerhalb des Teamchaos, weiterverfolgt zu werden.

Dabei ist es nicht so, dass wir Introvertierten keine guten Teamplayer wären. Wir brauchen es nur einfach nicht, die ganze Zeit über im selben Raum wie die übrigen Teammitglieder zu sitzen. Wir würden es deutlich vorziehen, einen Teil des Projekts zugewiesen zu bekommen, damit in unser Büro abzuschwirren und die anderen, soweit nötig, einzubeziehen, aber selbstständig zu arbeiten.

Der Arbeitsplatz kann für Introvertierte der wichtigste Ort sein, um sich zu behaupten und Wege zu finden, die eigenen Stärken einzubringen. Andernfalls konkurrieren wir Introvertierten beruflich auf ungleichem Terrain, indem wir versuchen, gegen von Natur aus Extrovertierte die Extrovertierten zu spielen. Extrovertierten kann es besser gelingen, einen ersten guten Eindruck zu hinterlassen, daher müssen Introvertierte nach anderen Wegen suchen, den Chef zu beeindrucken. In positiver Weise.

Um nur eine Sache zu nennen: Introvertierte müssen herausfinden, was sie am besten können, und dafür sorgen, dass der Chef das erfährt. Nach einer Brainstorming-Sitzung, bei der Sie überrollt wurden, könnten Sie Ihren Chef um ein Gespräch unter vier Augen bitten, um Ihre Ideen darzulegen. Oder eine prägnante Kurzmitteilung schreiben. Melden Sie sich für Dinge, von denen Sie wissen, dass Sie sie gut können. Freiwillige Angebote zeigen Ihren Teamgeist, und sie können zur Folge haben, dass man Ihnen keine typischen Aufgaben für Extrovertierte zuweist.

Und ist es wirklich so schlecht, wenn Sie den Großteil Ihrer beruflichen Angelegenheiten per E-Mail erledigen? Man will uns Introvertierte immer einreden, dass das schlecht sei. Ich selbst bin beim Telefonieren schrecklich, ich mache schriftlich oder im persönlichen Auftreten einen deutlich besseren Eindruck. Warum sollte ich mich eher auf meine Schwächen als auf meine Stärken konzentrieren?

Manchmal müssen Sie den schmerzlosesten Weg finden, um äußerst schmerzhafte Dinge zu bewältigen. Wie beispielsweise Tagungen, die für Introvertierte eine Qual sein können. Tagelang diese vielen Leute, die Aussicht, ein Bad in der Menge zu nehmen und neue Kontakte zu knüpfen. Lisa Petrilli, eine introvertierte Marketing-Profi-Frau, empfiehlt Introvertierten, sich vor Tagungsbeginn mit den Leuten zu verabreden, die sie treffen möchten. Damit habe man einen guten Beweis, sich nicht zu drücken, und könne in Einzelgesprächen netzwerken, ohne in die Menge eintauchen, Hände schütteln und sein bestes extrovertiertes Lächeln (oder ist das eher eine Grimasse?) aufsetzen zu müssen. – Vielleicht können Sie sich sogar von den abendlichen Cocktailveranstaltungen zurückziehen, wenn Sie sich zum Frühstück verabreden. So haben Sie zusätzlich auch jemanden, mit dem Sie gemeinsam zur ersten Sitzung des Tages gehen können, was den Auftritt etwas einfacher macht, falls Sie der nervöse Typ sind.

Zurück ins Büro: Introvertierte Wege in die Firmenkultur einzubringen setzt manchmal nur voraus, sie anzusprechen: »In der Regel ziehe ich E-Mails dem Telefon vor, ist das für Sie in Ordnung?« Oder: »Bei Meetings habe ich meist nicht die besten Einfälle, aber ich würde gerne mit einigen Ideen auf Sie zukommen.« Sprechen Sie es einfach an, ohne viel Lärm. Eine gute Führungskraft wird die Aufrichtigkeit und die Intentionen zu schätzen wissen, insbesondere wenn Sie gute Arbeit leisten. Eine gute Führungskraft wird auch für gut befinden, dass Sie durch Ihre Zurückhaltung, mit allen im Büro zu plaudern, produktiv arbeiten. Und eine gute Führungskraft wird (wenn Sie es erklären) verstehen, dass eine geschlossene Bürotür nicht unfreundlich gemeint ist. Irgendwann werden Sie diese Führungskraft vielleicht sogar davon überzeugen können, dass Teambildungs-Spielchen nicht bei jedem Vertriebs-Meeting nötig sind.

Und wenn es keine Bürotür gibt, die Sie schließen könnten? Leider sind viele moderne Büros für Introvertierte ein Gräuel – das gefürchtete Großraumbüro oder das Zellenbüro, das jegliche Privatsphäre und Ruhe vernichtet. Das Denken kann uns Introvertierten schwerfallen, wenn wir gezwungen sind, die Telefonate der anderen mitzuhören, wenn wir nicht verhindern können, dass die Klatschtanten zu einem Schwätzchen vor unserem Schreibtisch stehen bleiben, wenn Stille und Alleinsein praktisch unmöglich sind.

Wenn Sie zu diesen unglücklichen Zellenbüro-Bewohnern gehören, werden Sie sich Lösungen ausdenken müssen, die zu Ihrer Bürokultur passen. Können Sie Kopfhörer aufsetzen, die den Lärm dämpfen? Oder, unauffälliger, Ohrhörer für einen MP3-Player – entweder mit Musik oder ohne? Können Sie Ihre Arbeitszeiten so legen, dass Sie in einem leeren Büro arbeiten – bevor die anderen kommen oder nachdem sie gegangen sind? Vielleicht können Sie in ein leeres Konferenzzimmer ausweichen, wenn Ihre Arbeit Konzentration verlangt. Vielleicht können Sie auch gelegentlich zu Hause arbeiten. Als ich bei einer Zeitung gearbeitet habe – einem Ort, wo von Natur aus die Leitungen heiß laufen und Tumult herrscht (zumindest in früheren Zeiten, als Zeitungen noch gefragt waren) –, schrieb ich, mit dem Segen meines Chefs, das meiste zu Hause.

Auch Pausen können helfen; gehen Sie ums Haus oder um den Block, um Ihren Kopf auslüften zu lassen. Gehen Sie allein zum Mittagessen oder bringen Sie sich etwas von zu Hause mit und essen Sie allein an einem friedlichen Ort. (Ist ein Park in der Nähe? Perfekt.) Sie können sogar in Ihrem Auto für ein paar ruhige Minuten Zuflucht suchen. Und falls alles fehlschlägt, bleibt natürlich immer noch die Toilette, die am Arbeitsplatz ebenso gute Dienste leistet wie auf Partys.

Und keine Sorge – die Tatsache, dass Sie introvertiert sind, bedeutet nicht notwendigerweise, dass Sie dazu verurteilt sind, auf ewig in einem Zellenbüro zu sitzen. In der Zukunft kann es für Sie durchaus ein Eckbüro geben, denn Introversion als Hindernis für eine Führungsposition ist ein weiterer Arbeitsplatzmythos, der als falsch entlarvt wurde. Wissenschaftler stellten fest, dass introvertierte Führungskräfte nicht schlechter sind, sie sind einfach anders. Eine Studie besagt, dass unterschiedliche Teams die besten Leistungen unter verschiedenen Typen von Führungskräften bringen. Eine

Studie in 130 Franchise-Restaurants stellte fest, dass Extrovertierte solche Teams gut leiten, die einfach nur gesagt bekommen wollen, was zu tun ist, während Introvertierte solche Teams gut leiten, in denen jeder seine Ideen einbringen kann. Introvertierte hören zu, Extrovertierte erklären. Extrovertierte brauchen Anerkennung von außen, um motiviert zu bleiben, Introvertierte sind von innen heraus motiviert.

Eine Schwäche oder Stärke von uns Introvertierten, je nach Situation oder je nachdem, wen Sie fragen, ist, dass wir nicht zu schnellen Entscheidungen neigen. Wir müssen alles genau überlegen und abwägen, bevor wir handeln. Wenn ein Team schnelle Aktionen braucht, ist eine extrovertierte Führungskraft gefragt. Eine introvertierte Führungskraft kann jedoch dazu beitragen, die Energie eines extrovertierten Teams zu fokussieren und zu managen.

Die Forschungsergebnisse sind bezüglich der Frage, ob charismatische Führungskräfte unterm Strich tatsächlich effektiver seien, nicht eindeutig. Charismatische Führungskräfte bekommen vielleicht viel Aufmerksamkeit. Extrovertierte verkünden der Welt ihre Ideen, können aber auch unberechenbar sein. Man weiß nie, was sie sagen werden. Introvertierte denken gründlich nach, bevor sie sprechen. Sie können in der Öffentlichkeit ausgezeichnete Redner sein, weil sie sich sorgfältig vorbereiten.

Extrovertierte können eher gewillt sein, sich spontan auf kühne Änderungen einzulassen als Introvertierte, die gerne alles gründlich durchdenken. Solche großen Sprünge können aufregend sein und den Eindruck eines Fortschritts erwecken. Welcher Ansatz führt jedoch tatsächlich zu anhaltend besseren Ergebnissen? Wir wissen das nicht mit Sicherheit, aber ich wette, dass es am Ende aufs Gleiche hinausläuft.

Ignorieren Sie daher Behauptungen bezüglich der überlegenen Führungsqualitäten Extrovertierter, erkennen Sie stattdessen Ihre Stärken, nutzen Sie diese, verkaufen Sie diese und entschuldigen Sie sich nicht dafür.

Meisterleistungen introvertierten Heldenmuts

Du bist doch niemals introvertiert.« – Diese Worte habe ich millionenfach von Leuten gehört, denen meine Zirkusshow vertraut ist. Ich verstehe ihre Verwirrung. Wenn ich zu jonglieren beginne, vollbringe ich etwas, was ich als Meisterleistung introvertierten Heldenmuts bezeichne.

Meine Show ist nur eine verblüffende introvertierte Meisterleistung. Einige weitere meiner Tricks sozialen Heldenmuts stehen online. Ich unterhalte über E-Mail und soziale Netzwerke ein reges soziales Leben. Auch das Schreiben von Büchern, Artikeln und Blogs ist in gewisser Weise eine Art Leistung, die für viele Introvertierte gut geeignet ist.

Introvertierte sind nicht unfähig, aufzutreten und Persönlichkeit zu haben – online, auf der Leinwand oder auf der Bühne. Der Komiker Steve Martin ist als introvertiert bekannt, ebenso wie Johnny Carson und Katharine Hepburn. Julia Roberts bezeichnet sich selbst als introvertiert. Françoise Gilot, eine von Pablo Picassos vielen Geliebten, beschrieb den Künstler in einer Denkschrift als einen »bombastischen Introvertierten«.

Introvertierte können schauspielern, singen und tanzen, auf der Bühne, in aller Öffentlichkeit. In einer Rolle aufzutreten ist jedoch etwas völlig anderes als auf einer Party zu erscheinen. Einige introvertierte Schauspieler identifizieren sich mit der Rolle; andere schlüpfen in eine Rolle wie in eine Rüstung, hinter eine Fassade. Es ist genau das, was viele von uns Introvertierte machen, wenn wir unsere ruhige Komfortzone verlassen.

Sprechen in der Öffentlichkeit – allgemein als etwas bekannt, was den meisten Angst einjagt – bringt mich und viele andere Introvertierte nicht ins Schwitzen, was teils daran liegt, dass wir die Umstände unter Kontrolle haben. Das Sprechen vor Publikum ist keine Interaktion, es ist ein Einbahnstraßengespräch, bei dem wir garantiert sagen können, was wir sagen möchten. Und Introvertierte neigen dazu, sich gut vorzubereiten. Wenn wir auftreten, wissen wir bereits, was wir sagen wollen, und müssen nicht improvisieren oder irgendwelche Risiken eingehen. Wir wissen, was wir zu sagen haben, und sagen es, das geht ratzfatz. Fertig. Begegnungen und Begrüßungen vor und nach der Rede sind für mich tatsächlich anstrengender als die Rede selbst.

Die Leute behaupten, draufgängerische Introvertierte seien womöglich gar nicht introvertiert, weil sie charmant oder zumindest kommunikativ sein können. Sie verwechseln uns mit Mauerblümchen, mit Schüchternen. Für viele scheint der Unterschied schwer fassbar zu sein – das Wort »schüchtern« kommt ihnen immer wieder über die Lippen, egal wie oft ich sie korrigiere.

Schwer zu sagen, wie man damit umgehen soll. Ich vermute, dass die Verbindung zwischen introvertiert und schüchtern in den Köpfen der Menschen schon so lange fest verankert ist, dass sie sich schwer ausrotten lässt. Vielleicht kann eine bildliche Erklärung helfen. Introvertierte haben tatsächlich viel von Clark Kent (Superman) – sie sind meist sanft und anspruchslos, können sich jedoch auf einen Schlag wandeln und ihren Super-Charme nach außen kehren, wenn sie das möchten.

Tipps, um Freunde zu finden

Es gibt Leute, die kennen einfach keinen Fremden. Sie schließen Freundschaften, egal wohin sie gehen, und sammeln Menschen, wie andere Bücher sammeln. Solche Leute haben eine gewaltige Wirkung, und es ist überwältigend, sie in Aktion zu beobachten. Sie betreten einen Raum und haben innerhalb weniger Minuten zu jedem Anwesenden irgendeine Art Kontakt hergestellt. Am Ende einer Party haben sie für die Hälfte der Gäste bereits Spitznamen und tauschen mit der anderen Hälfte Insider-Scherze aus. Ihr Telefon klingelt ständig, und wenn sie überlegen, mit wem sie etwas unternehmen könnten, haben sie eine lange Liste zur Auswahl.

Junge, Junge, das ist nicht mein Ding. Sicher kann ich ziemlich problemlos mit Leuten sprechen, wenn ich das möchte, und ich bin auch aufgeschlossen, wenn ich das möchte. Aber das ist reines Geplauder. Es ist ein weiter Weg vom Partygeplauder zu einem Gespräch mit einem Freund. Dieser Weg ist schwierig zu gehen, verlangt Zeit und Anstrengung, die sich auszahlen können oder auch nicht – insbesondere für Menschen, die nach Tiefe in ihren Freundschaften streben, und noch mehr für Menschen, die die Jugendzeit hinter sich gelassen haben. Meine Jugendtage, in denen ich jemanden traf, mit dem ich innerhalb weniger Stunden *best friends forever* (BFF) war, sind lange vorbei. Heute bin ich langsam und vorsichtig und unterscheide zwischen Freunden und Bekanntschaften.

Wir Introvertierten sind vielleicht auf andere Menschen nicht so angewiesen wie Extrovertierte, das heißt, wir brauchen keine beiläufigen Bekanntschaften, nur um den Raum auszufüllen. Aber wir brauchen Freunde. Wir brauchen Leute, die wir anrufen können, wenn uns nach Gesellschaft ist, denen wir vertrauen können, wenn wir ein verständnisvolles Ohr brauchen (und denen wir denselben Dienst erweisen können), und in deren Gesellschaft wir uns zu hundert Prozent als wir selbst fühlen können. Aber es kann für uns Introvertierte so schwer sein, Freundschaften zu schließen.

Erstens legen wir die Latte für Freundschaften schon einmal ziemlich hoch. Wen ein Extrovertierter als Freund bezeichnen würde, nennen wir eine Bekanntschaft. Außerdem ist es schwierig, Freundschaften zu schließen, wenn man nicht geneigt ist, viel Zeit unterwegs zu sein. Daheim im Wohnzimmer trifft man nun mal nicht auf viele neue Leute. Der erste Schritt, um Freundschaften zu schließen, ist also: raus aus dem Haus.

Das fühlt sich manchmal an wie ein Opfer. Zu Hause zu bleiben ist so viel einfacher. Am zweiteinfachsten ist es, mit Leuten auszugehen, die man gut kennt – alten Freunden oder der Familie. Manchmal stellen wir jedoch fest, dass es uns aus irgendeinem Grund an genügend Freunden mangelt, und da hilft nur, Einladungen anzunehmen und, so oft wir können, unter neue Leute zu gehen. Ich weiß, ich weiß. Allein bei dem Gedanken daran möchte ich mir die Decke über den Kopf ziehen. Aber ohne Schweiß kein Preis.

Wenn Sie als Introvertierte/r in Gruppen schüchtern sind, ist es nicht schlecht, sich an jemanden zu hängen, der nicht schüchtern ist. Das sagt auch die Wissenschaft. Forscher nennen so jemanden eine »Ersatzperson«. Eine Studie aus Japan stellte fest, dass schüchterne Studenten, die eine Ersatzperson nutzten, sieben Monate nach Studienbeginn ebenso viele Freunde hatten wie nicht-schüchterne Studenten.

Viel Glück hatte ich auch, als ich meine Vergangenheit durchforstete. Einige meiner erfreulichsten neuen Freundschaften sind alte Freundschaften – Leute, die ich schon lange kenne, zu denen ich jedoch den Kontakt verloren hatte. (Danke, Internet!) Während einige bereits früher Freunde waren, zählten andere in dieser

Zeit nur zu den Bekanntschaften und sind erst heute zu Freunden geworden. Wieder andere – häufig Leute aus der Zeit der Oberschule – kannte ich nur vom Sehen, hatte aber nie ein Wort mit ihnen gewechselt, bis uns die Gegenwart zusammengeführt hat. Eine gemeinsame Vergangenheit wirkt sehr verbindend, und das Austauschen von Erinnerungen half uns durch den lästigsten Teil des gegenseitigen Kennenlernens.

Denn sehen wir der Tatsache ins Auge: Freundschaften anzubahnen kann lästig sein. Ich meine: Was machen Sie, wenn Sie jemandem begegnen, mit dem Sie sich gerne anfreunden würden? Die Frage »Wollen wir Freunde sein?« ist nur bis zum Alter von etwa sieben Jahren angebracht. Aber dennoch müssen Sie etwas penetrant sein, Kontakt herstellen, Einladungen aussprechen. Und das fühlt sich unangenehm an. Ich sage mir, dass etwas, was sich für mich penetrant anfühlt, auf andere vielleicht einfach nur freundlich wirkt. Bei uns Introvertierten kann die Sensibilität für oder gegen uns arbeiten. Wir wollen nicht so sensibel sein, dass wir uns davor fürchten, Chancen zu ergreifen. Andererseits müssen wir sensibel genug sein, um zu erkennen, ob und wann es an der Zeit ist aufzugeben.

Meist jedoch müssen Sie sich einfach unermüdlich durch die Frühstadien einer Freundschaft arbeiten. Wie oft können Sie ein Treffen vorschlagen, ohne den Anschein zu erwecken, es nötig zu haben? Wie lange können Sie zwischen den Treffen warten, ohne desinteressiert zu erscheinen? Wie wird wohl eine Einladung in letzter Minute rüberkommen? Ab wann sind sie vertraut genug, um auch einmal eine SMS zu schicken? Auf keine dieser Fragen gibt es klare Antworten – auch wenn Vorsicht immer ratsam ist. Anfangs vielleicht ein Treffen alle paar Wochen. SMS nur bei einem bestimmten Anlass (»verspäte mich etwas« oder »Treffpunkt am Eingang«), bis der Kontakt etwas gefestigt ist. Ich habe mit einer potenziellen neuen Freundin sogar explizit über Verabredungen in letzter Minute gesprochen, und wir kamen überein, dass sie in Ordnung sind.

Freundschaften »auf den ersten Blick« gibt es kaum noch, wenn wir den Jugendjahren entwachsen sind. Freundschaft wächst. Wenn wir daher jemanden mit Freundschaftspotenzial treffen, müssen wir Zeit investieren (so anstrengend das klingen mag). Wir müssen so tun als ob, bis es wahr wird. Wenn die Freundschaft dann zustande gekommen zu sein scheint, wird sich schließlich dieser befriedigende »Klick« einer echten Bindung einstellen.

Ich habe Folgendes festgestellt: Wenn ich meine Erwartungen an Freundschaften niedriger hänge und meine Intensität anfangs herunterfahre, ist die Wahrscheinlichkeit größer, dass Freundschaften ganz natürlich wachsen. Doch das kann man nicht erzwingen. Manche Freundschaften wirken vielversprechend, verlaufen jedoch schnell wieder im Sande; andere, über die ich mir anfangs kaum Gedanken machte, werden langsam tiefer. Man muss es einfach ruhig angehen und schauen, was passiert. Auf der Suche nach neuen Freunden halte ich eine Menge oberflächlicher Kontakte aufrecht, bringe Zeit dafür auf und warte ab, welcher Kontakt sich etabliert. Neue Freundschaften können solide alte Freundschaften nie ersetzen, aber sie können aufregende neue Perspektiven eröffnen.

Andererseits muss man manchmal auch erkennen, wann ein Kontakt am besten abgebrochen wird. Das hat nichts mit Zurückweisung zu tun. Wir wollen alle dasselbe: Beziehungen. Niemand ist ein Versager, wenn eine Freundschaft nicht zustande kommt; wir müssen dann einfach den Schaden begrenzen, die Selbstgeißelung überspringen und uns der nächsten interessanten Person zuwenden. Da draußen gibt es eine Menge potenzieller Freundinnen und Freunde. Man muss nur seinen Bau verlassen!

Von Gedankenfülle und Achtsamkeit

Man könnte meinen, bei der vielen Zeit, die wir Introvertierten in Gedanken verbringen, müssten wir Achtsamkeits-Gurus sein. Wenn man jedoch etwas länger darüber nachdenkt – vielleicht doch nicht. Achtsamkeit ist tatsächlich das Gegenteil von der Gedankenfülle in den Köpfen Introvertierter. Achtsamkeit ist das Offensein für alles, was um einen herum tatsächlich vorgeht. Es bedeutet, die Luft zu spüren, die Vögel zu hören, das Essen zu schmecken, den Augenblick zu schätzen, für die Gegenwart präsent zu sein.

Wir Introvertierten sind in diesen Dingen jedoch nicht immer sehr gut. Wenn wir mit interessanten Gedanken beschäftigt sind, haben wir keine Verbindung zu dem, was um uns herum vorgeht. Wir blicken eher einfach nur durch die Öffnungen im Kopf auf die Welt, als wirklich bei der Sache zu sein. Und kennen Sie den Zustand, dass Ihnen etwas so Eindringliches durch den Kopf geht, dass es einfacher ist, im Gedankenstrudel zu versinken, als diesen zum Schweigen zu bringen? Finden Sie, dass es eine große Anstrengung verlangt, Gedanken in Schach zu halten?

Genau darum geht es. Neurologen sprechen dabei vom Bewusstseins- oder Standardnetzwerk (Default Mode Network, DMN). Ich verstehe das als die Nervenaktivität, in die unser Gehirn schaltet, wenn wir nichts tun. Und diese Standardaktivität wird üblicherweise als »Tagträumen« bezeichnet, ich bezeichne sie als »Denken«. (Was ist der Unterschied zwischen Tagträumen und Denken?) Das DMN von uns Introvertierten ist tief in unseren Köpfen sehr aktiv. Es mag schon sein, dass wir stille Menschen in einer lauten Welt sind, aber in unserem Inneren ist es auch laut. Mit Achtsamkeit hat das nichts zu tun. Vielleicht ist es eine Art Geistesfülle.

Ich habe mehrere Jahre lang Yoga gemacht. Am Ende jeder Stunde gibt es eine fünfminütige Entspannung, Savasana. Dabei liegt man auf dem Rücken, was einige als Totenstellung bezeichnen, und entspannt völlig. Einfach, oder? Ja, bis auf das Entspannen des Geistes. Meist fängt mein Gehirn an, wild zu arbeiten, sobald ich mich hinlege, und Savasana ist zu Ende, bevor ich überhaupt gemerkt habe, dass es angefangen hat. In einer Yogastunde leitet uns unsere Lehrerin durch die Entspannung, aber ich kann sie über meinen eigenen Gedanken kaum hören. Das ist keine Achtsamkeit.

Dasselbe geschieht, wenn ich mit meinem Hund Gassi gehe. Die Bäume sind grün, die Vögel singen, ich habe den Blick gesenkt und denke wie wild nach, worüber ich eben gerade so nachdenke. Je mehr mein Gehirn arbeitet, desto schneller gehe ich, bis ich den Hund hinter mir herziehe wie ein Spielzeug. Normalerweise kriege ich mich irgendwann während des Spaziergangs wieder ein. Ich atme durch, werfe einen Blick in die Runde, spüre die Sonne, versuche, im Augenblick präsent zu sein. Das dauert ein paar Minuten. Doch noch bevor ich es merke, bin ich wieder zurück in meinem beschäftigten Kopf.

Es ist nicht besser, die Präsenz im Hier und Jetzt von den eigenen Gedanken stören zu lassen, als Lärm von außen in die innere Ruhe eindringen zu lassen. Leider ist es sehr viel einfacher, den Fernseher abzuschalten oder die Tür vor dem Lärm zu schließen, als die Lautstärke im Kopf herunterzudrehen. Kein Wunder, dass Meditation als Disziplin gilt.

Unser beschäftigter Verstand ist eine Art Energie, mit der umzugehen wir zu lernen haben. Wir müssen uns die Leistung unseres Gehirns zu unserem Besten zunutze machen und sie zügeln, wenn sie zu hektisch wird. Ja, es stimmt, wir können uns hektisch fühlen, selbst wenn wir allein und schweigend in einem ruhigen Zimmer sitzen.

Bei einer Party habe ich einmal eine interessante Erfahrung gemacht. Ich selbst war die Gastgeberin für einen Brunch, dem ich mit der üblichen Mischung aus Vergnügen, höchster Angst und vorweggenommener Erschöpfung entgegensah. Dieses Mal jedoch bereitete ich nicht nur das Essen, sondern auch mich selbst vor, indem ich überlegte, wie ich meine psychische Energie am besten einteilen könnte. Weil ich mir meiner Energie bewusst war, als die Party begann, geschah etwas Interessantes: Ich unterhielt mich mit einem Gast, den ich nicht gut kannte, und realisierte plötzlich, dass meine Antennen in alle Richtungen aufgestellt waren. Ein Teil war auf die Unterhaltung fokussiert, ja. Aber ich war mir auch aller Unterhaltungen um mich herum bewusst. Ich war mir meines Mannes bewusst, der das Barbecue bediente. Ich wunderte mich über einige Gäste, die noch fehlten. Hatte ein Auge auf den Hund. Dachte darüber nach, ins Haus zurückzulaufen, um ... was? Ich wusste es nicht.

Kein Wunder, dass mich soziale Events so erschöpfen! Mein armes Gehirn, das daran gewöhnt ist, sich beim Alleinsein in aller Ruhe zu fokussieren, konnte die Umgebung nicht effizient verarbeiten. Es versuchte zu viel aufzunehmen und zu interpretieren, wodurch ich dieses vertraute Mein-Kopf-könnte-platzen-Gefühl bekam. Dieses Mal jedoch versuchte ich, meine zerstreute Energie sofort zu sammeln, als mir das bewusst wurde, und sie ganz auf das aktuelle Gespräch zu konzentrieren. Ich versuchte darauf zu achten, was ich in diesem Moment tat, nämlich ein Gespräch führen. Sofort kam Ruhe über mich. Ich schaute die Frau an, mit der ich sprach und die noch einen Moment zuvor irritierend wie eine brummende Fliege gewesen war, und fand Interesse an dem, was sie sagte. Die übrige Party trat in den Hintergrund und funktionierte während der zehn Minuten, in denen ich es mir erlaubte, mich auf eine Sache zu konzentrieren, auch ohne mich. Ich war unendlich viel entspannter als zehn Minuten zuvor.

Einen lebhaften Verstand zu haben ist Vorteil und Last zugleich. Unser lebhafter Verstand bewahrt uns vor Langeweile, hilft uns, kreativ zu sein, macht in vielerlei Hinsicht das Wesen unserer Persönlichkeit aus. Aber manchmal ist der Lärm in unserem Kopf so laut wie eine Autosirene und stört unsere Fähigkeit, uns mit der

Außenwelt zu verbinden, uns auf die aktuelle Aufgabe zu konzentrieren oder nachts Schlaf zu finden. Unser lebhafter Geist kann uns auch belasten und unglücklich machen. In einer Studie nutzten die Forscher eine iPhone-App, um die Probanden zu willkürlichen Tageszeiten zu überprüfen. Dabei stellten sie fest: Je mehr die Leute über etwas anderes nachdachten als das, was sie gerade machten, desto weniger glücklich fühlten sie sich. Selbst dann, wenn sie nicht über etwas besonders Schlimmes nachdachten.

Ich behaupte nicht, dass das Üben der Achtsamkeit einfach ist, und habe auch keine neuen Ideen, wie man sie erreichen könnte. Wer bin ich, dass ich zu verbessern versuchen sollte, was die Buddhisten seit Tausenden von Jahren tun? Ich rege Introvertierte nur an, darüber vielleicht einmal nachzudenken. – Und dann sollten sie auch wieder aufhören mit dem Denken.

Typische Fehler Introvertierter

Wir sind alle so wunderbar, und doch – es tut mir leid, aber ich muss das sagen – sind wir nicht perfekt. Dieses Buch hat sich überwiegend darauf fokussiert, in unserer Kultur ein Revier für Introvertierte abzustecken, aber nun wird es Zeit, einige Dinge in Zusammenhang mit unserer Introversion zu erörtern, die unsere Beziehungen und Leistungen stören können. Viele oder die meisten von uns Introvertierten haben wahrscheinlich irgendwann einmal einige dieser Fehler begangen. Ich mit Sicherheit. Zum Beispiel:

Sich absondern: Ja, manche Menschen brauchen mehr soziale Interaktion als andere. Um jedoch gesunde und vollständige menschliche Wesen zu sein, brauchen wir alle die soziale Interaktion, und zwar regelmäßig. Zu viel Isolation ist ungesund. Ich merke, dass es an der Zeit ist, aus dem Haus zu gehen, wenn ich mich beim Alleinsein allmählich niedergeschlagen fühle oder den Eindruck habe, sonderbar zu werden. Sonderbar ist subjektiv, aber wenn sich der Gang zum Supermarkt wie ein größerer Ausflug anfühlt, wenn ich anfange, mir Sorgen zu machen, dass ich meine Gesprächsfähigkeit verloren habe, wenn mich nahezu Fremde in meinen sozialen Online-Netzwerken wütend machen, dann wird es Zeit für ein persönliches Gespräch. Ich rufe dann eine Freundin an, gehe mit ihr zusammen zum Essen, besuche eine Party … unternehme irgendetwas, um mein soziales Getriebe wieder in Gang zu setzen. Das muss gar nichts Tiefgehendes und Bedeutsames sein. Nur etwas Kleines, um wieder eine Verbindung herzustellen.

Nicht zurückrufen: Es ist absolut in Ordnung, wenn wir Introvertierten andere bitten, unsere Abscheu vor dem Telefon zu respektieren und zu akzeptieren, aber gesunde Beziehungen sind keine Einbahnstraßen. Wir bekommen keinen Freibrief dafür, alle Anrufe zu ignorieren. Wenn jemand anruft, der Ihnen wichtig ist – selbst wenn Sie den Anruf auf die Sprachbox gehen lassen, um ihn später anzuhören –, sollten Sie unbedingt irgendwann zurückrufen. Schreiben Sie falls nötig eine E-Mail, und vereinbaren Sie den Anruf. Andernfalls nehmen Sie das Telefon und wählen die Nummer. (Eine Ausnahme: Wenn jemand hartnäckig jede andere Form der Kommunikation verweigert und auf häufigen, zeitraubenden Anrufen besteht, haben Sie einen gewissen Spielraum, Ihren Standpunkt durchzusetzen.)

Mit der Tür ins Haus fallen: So sehr wir Introvertierten tiefschürfende Gespräche bevorzugen, so sehr kann es andere abschrecken, auf einer Party beim Zwiebel-Dip gleich mit Ihrer allgemeinen Weltsicht konfrontiert zu werden. So unangenehm sich das für Sie anfühlen mag, leichte Konversation ist nun einmal der Weg, um durch Untiefen zu waten. Springt der Funke über, können Sie sich in tiefere Gewässer vorwagen. Wenn Sie nach neuen Freunden Ausschau halten, sollten Sie bedenken, dass die Unterhaltung kein Schnellverfahren ist. Freundschaften entstehen schrittweise und beginnen mit einem leichten Geplauder.

Wie ein Wasserfall reden: Ach, das gefürchtete Geplapper. Es passiert einfach. Viele von uns Introvertierten schwatzen, wenn sie nervös sind. Schüchterne Introvertierte neigen manchmal sogar dazu. Es ist wie beim Hinunterrennen eines Hügels: Sind wir erst einmal gestartet, können wir nur schwer wieder bremsen. Das passiert auch, wenn uns ein Thema besonders begeistert. Entweder wir verfangen uns in unserer eigenen Begeisterung, oder wir wühlen tief in unserem eigenen Wissen und vergessen, die Reaktion der Zuhörer zu prüfen. Wenn wir dann plötzlich realisieren, dass wir dabei sind, in einen langen Monolog zu schlittern, sollten wir einmal tief durchatmen und in die Runde blicken. Wirken die Leute andächtig? Dann können wir fortfahren. Sehen sie wie erstarrt oder etwas gequält aus? Mein Lieblingssatz an diesem Zeitpunkt: »Besser ich fange mit dem Thema gar nicht erst an …« Das ist das Stichwort für ein allgemeines Gelächter, und alles ist gut.

Introversion mit Angst verwechseln: Wir alle müssen Dinge tun, die wir nicht mögen. So ist das Leben. Wenn Sie jedoch feststellen, dass Sie sich selbst *nicht* dazu bringen können, bestimmte Dinge zu tun, also beispielsweise jemanden zurückzurufen, an einer Versammlung teilzunehmen oder zu einer Unterhaltung beizutragen, dann ist das, was Sie fühlen, vielleicht Angst, nicht Introversion. Natürlich ist Angst eine nützliche Gefühlsregung, die in der Evolution tief verwurzelt ist. Wenn sie sich jedoch störend auf Ihr Leben auswirkt und Sie merken, dass Sie es bereuen, manches nicht getan zu haben, ist es vielleicht an der Zeit, in Ihrer Psyche zu stöbern (eine unserer Lieblingsbeschäftigungen!), um herauszufinden, wovor Sie Angst haben und wie sich das ändern lässt.

Sich auf zu wenige Leute verlassen: Wir Introvertierten sind stolz auf den Nachdruck, den wir darauf legen, dass bei uns die Qualität von Freundschaften über Quantität geht. Damit verbunden ist jedoch das Risiko, dass wir bei der Freundschaft alles auf ein oder zwei Karten, sprich Freunde, setzen. Oder auf unsere Lebensgefährtin bzw. unseren Lebensgefährten. Oder unsere Familie. Wenn Sie als Introvertierter immer wieder dieselben ein oder zwei Leute ansprechen, wenn Sie sich nach Gesellschaft sehnen, laufen Sie Gefahr, als bedürftig zu erscheinen oder tatsächlich bedürftig zu sein. Fehlt es Ihnen an Gesellschaft, wenn Ihre BFF keine Zeit haben? Fühlen Sie sich besitzergreifend und vielleicht sogar eifersüchtig bei diesen wenigen Personen, von denen Sie sich verstanden fühlen? Muss jedes Beisammensein tiefgründig und bedeutungsvoll sein bis zu einem Punkt, an dem es wie Zeitverschwendung wirkt, einfach nur Spaß zu haben? Sie üben vielleicht viel Druck auf Ihre wenigen Freunde aus, ohne das überhaupt zu merken.

Dieser Fehler kann auch dafür verantwortlich sein, dass Sie allein dastehen, wenn mit der Freundschaft etwas passiert. – Vielleicht zieht eine Freundin in eine andere Stadt, findet eine neue BFF oder Sie streiten sich. Plötzlich sehen Sie sich mit der belastenden

Pflicht konfrontiert, mit neuen Freunden ganz von vorn anzufangen. Können Sie sich auf einen größeren Freundeskreis stützen, haben Sie mehr Optionen, eine bereits bestehende oberflächliche Freundschaft zu vertiefen.

Bewerten: Einige Introvertierte bestehen auf ihren Meinungen, dass Partys sinnlos sind, Geplauder Zeitverschwendung ist und Extrovertierte oberflächlich sind. Diese Meinungen teile und befürworte ich nicht. Partys können ein Vergnügen sein, zudem war das Gemeinschaftsritual schon immer wichtig, durch unsere gesamte Geschichte hindurch. Small Talk verbindet und schmiert das soziale Getriebe. Und auch wenn ich sicher bin, dass einige Extrovertierte oberflächlich sind, bin ich genauso sicher, dass dies auf einige Introvertierte ebenso zutrifft. Man wird nicht automatisch tiefgründig, wenn man viel nachdenkt. Das hängt davon ab, worüber man nachdenkt. Extrovertierte pauschal abzulehnen ist borniert und, ja, oberflächlich. Nur weil ich etwas nicht mag, bedeutet es noch lange nicht, dass es schlecht ist.

Aussagen, die Introvertierte stärken

Es ist eine Sache, die eigenen Bedürfnisse zu erkennen und deren Durchsetzung zu geloben, und etwas völlig anderes, dann auch tatsächlich für sich selbst einzutreten. Das ist nicht einfach. Deutlich weniger belastend ist, sich anzupassen. Sein Territorium als introvertierter Mensch abzustecken muss kein streitsüchtiger Prozess sein, verlangt aber gelegentlich Entschlossenheit, anderen und sich selbst gegenüber.

Um eine Änderung zu bewerkstelligen, brauchen Sie als Introvertierter ein Ziel, und Ihr Ziel ist es, auf introvertierte Art zu leben. Aber was genau ist das? Wie sieht das aus? Diese Fragen muss jeder für sich selbst beantworten. Welches Bild haben Sie von einem guten Leben als introvertierter Mensch? Wo sollten Sie sich durchsetzen, wo sich selbst anstupsen? Wo und wem gegenüber fehlen Ihnen Grenzen? Geht es ums Telefon? Um Partys? Fühlen Sie sich von Freunden und der Familie missverstanden? Haben Sie sich von anderen überzeugen lassen, dass Introversion ein Mangel ist? Überlassen Sie anderen die Organisation Ihres sozialen Lebens?

Solche Fragen können Ihnen helfen, Ihre Ziele zu ermitteln. Anschließend gilt es herauszufinden, wie sich diese Ziele erreichen lassen (wobei natürlich klar ist, dass solche Ziele durchaus wandelbar sein können). Studien haben gezeigt, dass wir, wenn es um das Erreichen von Zielen geht, besser dran sind, wenn wir unser Augenmerk auf das »Warum« und nicht auf das »Wie« richten. Der Weg zum Erreichen eines Ziels ist kompliziert und kann sich mit der Zeit ändern. Pläne kommen und gehen – einige haben Erfolg, andere scheitern. Der echte Schlüssel zur Ausdauer ist jedoch nicht irgendein endgültiger Plan, sondern die Motivation. Warum wollen Sie den Status quo ändern? Behalten Sie immer Ihr Bild von einem introvertierten Leben vor Augen, das wird Ihnen helfen, Ihren Weg zu dieser Veränderung zu finden.

Die Veränderung selbst erfolgt Schritt für Schritt. Es sind jeden Tag kleine Entscheidungen zu treffen, und jede Entscheidung verlangt ein gewisses Maß an Überzeugung, an Rückgrat, die Weigerung, sich weder von anderen Menschen noch von scheltenden Stimmen im eigenen Kopf beeinflussen zu lassen. Manchmal brauchen wir Introvertierten Mantras, Beteuerungen, mit denen wir solche Stimmen übertönen können. Nachfolgend einige Beteuerungen, um Ihnen dabei zu helfen.

Auch Zuhausebleiben ist eine Tätigkeit: Zeit, die man allein verbringt, ist kein Leerlauf. Sie hat ihre eigene Zweckbestimmung; einmal in Bezug darauf, was Sie damit anfangen, und dann darauf, was sie bei Ihnen bewirkt.

Meine Anwesenheit ist ein Geschenk, kein Anspruch: Wenn Sie zu etwas eingeladen werden, was für Sie nicht nach Vergnügen klingt, werden Sie sich vielleicht trotzdem entscheiden hinzugehen. Das ist sehr nett von Ihnen. Aber Sie müssen das nicht machen.

Ich entscheide selbst, wen ich mag: Sie müssen nicht jeden mögen, und nur weil Sie nicht jeden mögen, heißt das nicht, dass Sie ganz allgemein die Menschen hassen. Es ist nicht Ihr Problem, wenn jemand ein Langweiler oder ein Flegel ist.

Es ist nicht meine Aufgabe, Langweilern zuzuhören: Nur weil Sie gut zuhören können, bedeutet dies nicht, dass Sie verpflichtet wären, jedem zuzuhören, der Sie vollquatschen will. Ihre Qualitäten als gute Zuhörerin bzw. guter Zuhörer sind ein Geschenk, das nur denen zuteil wird, die es verdienen. Sie sind es sich selbst und Ihren Lieben schuldig, Ihre begrenzte Energie für sie aufzusparen und nicht für Menschen zu verschwenden, die Sie gar nicht mögen.

Mit meiner Energie hauszuhalten ist ein Gefallen, den ich mir und meiner Umgebung erweise: Lassen Sie sich von niemandem einreden, dass Sie gemein sind, wenn Sie sich von einer Veranstaltung entfernen. Solche Leute wissen offenbar nicht, wie unleidlich Sie werden, wenn Sie sich zu sehr verausgaben.

»Nein«-Sagen kann eine Gefälligkeit sein: Wenn Sie zu anderen einmal »Nein« sagen, können diese auch zu Ihnen einmal »Nein« sagen. Früher oder später werden die anderen realisieren, was für ein Segen es ist, die Freiheit zu haben, »Nein« zu sagen. Wenn Sie allerdings »Ja« sagen, obwohl Sie eigentlich »Nein« sagen möchten, ist es zudem so, dass Sie sich wahrscheinlich nicht von Ihrer besten Seite zeigen und für andere kein großes Vergnügen sein werden.

Ich kann andere Menschen gerne haben, ohne für ihr Wohlergehen verantwortlich zu sein: Manchmal werden Sie Dinge tun, die Sie eigentlich nicht mögen, um jemandem, den Sie gerne haben, einen Gefallen zu tun. Das müssen Sie jedoch nicht immer tun.

Nur weil ich still bin, heißt das noch lange nicht, dass ich nichts zu sagen habe: Es gibt Leute, die sehr gerne reden und einen Raum voller Leute unterhalten können. Sollten Sie nicht dazugehören, schön. Auch Sie haben eine Menge zu sagen, wenn die Zeit und die Umstände für Sie passen.

Ob ich meine Show abziehe, ist mir freigestellt: Ich selbst bin dafür bekannt, dass ich bei einer gestelzten Unterhaltung in einer Gruppe Panik bekomme und dann durchaus eine überzogene Show abziehen kann. Ich habe jedoch angefangen, es mir zu gestatten, das zu unterlassen, wenn mir einfach nicht danach ist, eine Show abzuziehen. Dadurch wird es für mich viel leichter, unter Leute zu gehen. Als ich mich noch verpflichtet fühlte, jedes Mal mein extrovertiertes Gesicht aufzusetzen, wenn ich außer Haus ging, erschien mir Geselligkeit viel zu anstrengend.

Das Klingeln des Telefons ist eine Anfrage, kein Auftrag: Es gibt Leute, die können das Klingeln des Telefons nicht ignorieren. Sie können es, und das ist gut so. Nur weil jemand *genau jetzt* mit Ihnen sprechen möchte, heißt das nicht, dass Sie gezwungen sind, diesem Wunsch nachzugeben.

Ich weiß besser als jeder andere, was mir guttut: Ja, sie lieben Sie. Ja, sie haben nur die besten Absichten. Ja, manchmal sind ihre Vorschläge nützlich. Aber selbst Ihre engsten Freunde und Familienmitglieder kennen Sie nicht besser als Sie sich selbst. Sie können deren Vorschläge gegen Ihre Selbstkenntnis abwägen und ablehnen, wenn sie sich für Sie nicht richtig anfühlen. Da braucht es kein Aufhebens und keine Konfrontation, bleiben Sie einfach ruhig und in Ihrer Mitte und gestehen Sie sich zu, selbst zu entscheiden.

Der Wunsch anderer, ich solle mitmachen, ist nicht wichtiger als mein Wunsch, nicht mitmachen zu wollen: Egal wie sehr jemand möchte, dass Sie etwas tun, egal wie viel Druck diese Person auf Sie ausübt, die Bedürfnisse und Wünsche dieser anderen Person sind nicht automatisch wichtiger als Ihre eigenen. Vielleicht entscheiden Sie sich, den Wünschen eines anderen Menschen nachzugeben; Sie können sich jedoch ebenso gut dafür entscheiden, Ihren eigenen Weg zu gehen. Deswegen sind Sie nicht gemein. Sie sind eine eigene Persönlichkeit.

Der Mittelweg

Eine gute Freundin, die in einer anderen Stadt lebt, sagte mir, dass sie meine Abneigung gegen das Telefon respektiere und nur anrufen werde, wenn es unbedingt nötig sei. Damit ging es mir überraschend schlecht.

Wir schreiben uns täglich E-Mails, schicken uns interessante Artikel zu, tauschen Scherze aus, erörtern wichtige Dinge des Tages. Das ist großartig. So, als würde diese gute Freundin im Zellenbüro nebenan sitzen, obgleich dieses Zellenbüro gut dreihundert Kilometer entfernt ist und sich keine von uns tatsächlich in einem solchen Büro befindet. Ich weiß jedoch, dass sie auch ein gutes Telefonat schätzt, und fühle mich schlecht, weil sie dies zugunsten meiner Präferenz völlig hintanstellt. Als mir das klar wurde, rief ich sie an. Ich nahm einfach das Telefon und rief sie an. Einfach so. Und das war gut.

Einige andere Freundinnen, die weiter weg wohnen, kennen und respektieren meine Abneigung gegen das Telefon ebenfalls, sagen jedoch grundsätzlich: »Du musst damit leben, dass wir ab und zu auch telefonieren.« Wenn sie anrufen und ich absolut keine Zeit habe, gehe ich nicht dran. Meist jedoch hebe ich ab. Besser gesagt, inzwischen tue ich das, nachdem ich einmal einen sehr lieben Freund gekränkt habe, den ich eigentlich zurückrufen wollte, was ich jedoch nicht tat, bis er zwei oder drei Nachrichten hinterlassen hatte. Das war einfach nur ätzend von mir. Unverzeihlich. Ich bat damals vielmals um Entschuldigung und ging ab da immer ans Telefon, wenn ich seine Nummer auf dem Display sah. Und er meckert im Gegenzug nicht, wenn ich nicht lange telefonieren kann.

Andere Freunde können gut damit umgehen, dass wir Telefonate vorher vereinbaren, wie ich es bevorzuge. In diesem Fall reserviere ich für einen Anruf mindestens eine Stunde – das gibt uns ausreichend Zeit für den Austausch von Klatsch und anschließend ein gutes Gespräch. Das ist gut so.

Da viele von uns Introvertierten irgendwo zwischen introvertiert und extrovertiert anzusiedeln sind, müssen wir Wege für unser Leben finden, die das widerspiegeln. Wir wollen nicht völlig aus extrovertierteren Aktivitäten aussteigen und finden es auch unfair zu erwarten, dass unsere Wünsche Priorität vor denen anderer haben sollten. Es gibt hierfür eine Lern- und Anpassungsphase, um angenehme Mittelwege zu finden. Der Kunstgriff dabei ist, die Elemente spezieller Aktivitäten aufzudröseln, die man mag, und solcher, die man besonders verabscheut.

Interessanterweise habe ich festgestellt, dass das Telefon für mich weniger verhasst ist, seit ich die Kontrolle über meine telefonischen Kontakte übernommen habe. Ich gehe öfter ans Telefon und rufe auch von mir aus öfter an. (Noch immer selten, aber eben öfter.) Ich habe sogar einigen Leuten meine Handynummer gegeben. Außerdem habe ich Skype für mich entdeckt. Das erste Mal haben eine Freundin und ich uns zum Skypen verabredet, und ja, wir haben beide etwas Make-up aufgetragen und versucht, nett auszusehen. (Wir arbeiten beide zu Hause, da sieht man manchmal hübsch hässlich aus.) Es war ein Vergnügen. Ich habe ihr Wohnzimmer gesehen, das ich nicht kannte, und sie mein Büro. Gegen Ende des Telefonats rannten wir beide schnell in unsere Schlafzimmer, um uns gegenseitig neue Schuhe zu zeigen, die wir gekauft hatten. Es war ein Riesenspaß.

Dadurch habe ich etwas gelernt: Ich fühle mich mit einer körperlosen Stimme am Telefon unwohler, als ich dachte. Nun habe ich eine Alternative gefunden.

Meine kontaktfreudigste Freundin – der Typ, für die es keine Fremden gibt – kann mich auslaugen, wenn wir zusammen ausgehen, aber auch wir haben einen Kompromiss gefunden. Mir gefällt, dass sie überall für gute Stimmung sorgt und doch Verständnis dafür hat, dass ich trotzdem einfach nur gerne in einer Ecke sitze. An einem Abend traf ich mich mit ihr und ihrer großen Freundesclique in einem Club. Während sie auf ihre Art umherzog, verbrachte ich den Abend im Gespräch mit einer Frau, zu der ich Kontakt aufgenommen hatte. Es war der perfekte Kompromiss. Ich hatte meine Art Spaß, meine Freundin hatte ihre Art Spaß, und sie freute sich wie verrückt zu sehen, dass ich dabei war, eine neue Freundschaft zu schließen.

So wie ich mich auf einen Mittelweg begebe, tun es auch meine Freunde. Die Freundin, die nicht gerne tippt, versucht öfter eine E-Mail zu schicken, statt immer anzurufen. Da ich nicht jede Partyeinladung annehme, gehe ich, wenn ich sie denn annehme, gerne hin, und niemand bedrängt mich, wenn ich wieder gehen möchte. Mein Mann und meine Freunde merken, wenn mich eine zu große Gruppe physisch oder mental in eine introvertierte Benommenheit versetzt, und sie lassen mich in Ruhe, wenn ich fortgehe. Sie wissen, dass ich für mich selbst sorgen kann und zurückkomme, wenn ich so weit bin.

Ein Mittelweg ist sehr angenehm. Er bedeutet eher eine Gruppe von sechs als von zwölf Leuten. Ein willkommenes Telefonat anstatt eines widerwilligen. Es ist genau die richtige Dosis Party und keine Minute länger. Es ist ein Ort, an dem ich mich ebenso wohlfühle wie andere und umgekehrt. Es bedeutet manchmal, aus Fehlern zu lernen, sich hier und da ein bisschen anzupassen, etwas zu nehmen und etwas zu geben. Aber wenn wir alle den Mittelweg finden, ist es gut.

Smile on your brother

Viele von uns Introvertierten fühlen sich ausgeschlossen, weil uns so oft gesagt wurde, unser Weg sei falsch, dass wir es beinahe geglaubt hätten. Inzwischen stellen wir fest, dass er ebenso zulässig ist wie der Weg extrovertierter Menschen, und fühlen uns sehr gekränkt, dass wir all die Jahre damit abgespeist wurden, wie wir uns verhalten *sollten*, wenn wir gesunde, liebende und Anteil nehmende Menschen wären. Das ist ärgerlich. Manchmal macht es auch wütend. Und irgendwie sind wir stinksauer. Ich habe viele Introvertierte gehört, die Dampf abgelassen und geschimpft haben:

»Ich habe eine sehr niedrige Toleranzschwelle, nachdem ich so lange mit Leuten zusammen war, insbesondere Idioten …«

»Vielleicht sollten wir einmal anfangen, den Spieß bei diesen nervigen Extrovertierten umzudrehen und sie erklären lassen, warum sie so oberflächlich und bedürftig sind.«

»Ich bin verblüfft und voller Mitleid für diejenigen, die nicht allein sein können oder für ihr Selbstwertgefühl oder ihre Selbstverwirklichung so sehr von anderen abhängig sind.«

»Sind Extrovertierte eigentlich nicht in der Lage, einfach mal die Klappe zu halten?«

Ich sage: Es ist höchste Zeit, den Hass zu beenden.

Natürlich hassen nicht alle Introvertierten die Extrovertierten, und nicht alle Extrovertierten glauben, dass sie die allein selig machende Lebensweise führen. Aber ich habe genügend Geschichten über Missverständnisse und Feindseligkeiten gehört, um zu glauben, dass es an der Zeit ist, uns über die Kluft zwischen unseren

Persönlichkeiten hinweg die Hände zu reichen. Weisen wir den Mythos zurück, dass Extroversion besser sei als Introversion; genauso sollten wir jeden Gedanken zurückweisen, dass Introversion besser sei als Extroversion.

Ein Teil des Problems könnte sein, dass wir (man muss es zugeben) über die Jahre hinweg unter einem gewissen Neid auf die Extrovertierten gelitten haben. Ich bin dessen ganz sicher schuldig. Ich beneide die Art, wie Extrovertierte einen Raum elektrisieren und jeden in ihrer Umgebung erheitern können. Ich bin neidisch auf ihre mühelose Art, für das Wohlgefühl anderer zu sorgen. Ich bin neidisch auf ihren Mangel an Hemmungen (wenn ich mich nicht gerade fremdschäme). Und ich bin neidisch darauf, wie Extroversion belohnt wird. Die Welt öffnet Extrovertierten die Arme, während sie um Introvertierte einen vorsichtigen Bogen macht.

Wollen wir das so? Haben wir uns das selbst zuzuschreiben? Ist Introversion gleichbedeutend mit Kratzbürstigkeit? Sicher, wir wünschen uns Raum, aber nicht diesen weiten Abstand, den manche uns einräumen. Gibt es einen Mittelweg, bei dem wir unseren stillen Raum haben können, ohne dass deswegen Mutmaßungen über unsere Natur angestellt werden?

Die Belohnungen, die sich Extrovertierte wünschen, sind offensichtlich: Sie möchten Kontakt, sie möchten gehört werden, sie möchten so viele Beziehungen, wie sie nur bekommen können. Darauf können andere problemlos reagieren. Die Belohnungen, nach denen Introvertierte streben, sind weniger offensichtlich, daher kommt es uns manchmal so vor, als kämen wir zu kurz. Und auch das macht uns ein bisschen wütend. Dafür können wir aber nicht den Extrovertierten die *Schuld geben*. Ist das im Grunde nicht genau das, was wir bei Extrovertierten verabscheuen: dass sie von anderen Bestätigung brauchen?

Das Thema des vorliegenden Buches und was Sie hoffentlich daraus mitnehmen, ist, dass Introversion einfach eine andere Lebensart ist als Extroversion und es an uns liegt, dies zu erkennen, zu akzeptieren und zu lernen, so zu leben, wie wir uns am wohlsten und vollkommensten fühlen. Wir wollen unsere eigene Introversion respektieren, und wir bitten andere, sie zu respektieren. Aber – das wichtige »aber« – das bedeutet, dass wir der Extroversion denselben Respekt entgegenbringen müssen.

Das Schöne ist: Wenn das Yin und Yang von Introversion und Extroversion in Harmonie sind, sorgen wir für Ausgewogenheit in der Welt: Denken und Handeln, Stille und Geräusch, Ruhe und Bewegung. Gibt es vom einen oder anderen zu viel, geraten die Dinge aus dem Gleichgewicht. Vielleicht hat die Dominanz der Extroversion die westliche bzw. amerikanische Gesellschaft so lautstark werden lassen, aber würde eine vollkommen introvertierte Kultur, bei der jeder still hinter verschlossenen Türen sitzt, überhaupt in der Lage sein, irgendetwas zustande zu bringen? Selbst in China, mit einer allgemein introvertierteren Kultur als beispielsweise in Amerika, finden die Menschen ihre Stimme, und wenn es nur zu dem Zweck ist, zu einer Regierung zu sprechen, die nicht immer ihr Fürsprecher ist.

Wenn wir unsere Natur erkennen und getreu dieser Natur leben, finden wir Trost und Gunst, und plötzlich ist das Leben einfach. (Zumindest so einfach, wie das Leben eben sein kann.) Wenn wir in unserer Introversion souverän sind, können wir das Geplapper und die Effekthascherei der Extrovertierten genießen, ohne wütend zu werden oder uns dadurch bedroht zu fühlen. Und wenn wir uns behaupten, ohne in die Defensive zu gehen, werden die Extrovertierten lernen, die Ruhe zu akzeptieren und zu schätzen, die uns umgibt.

Und die Welt wird in Ordnung sein.

Dank

Für immer schulde ich Jenna Schnuer Dank, die mir den Anstoß gab und sagte: »Schreibe über Introversion!«, als *Psychology Today* mir einen Blog anbot und dadurch meine Karriere als professionelle Introvertierte in Gang setzte. Vielen Dank auch an Michael Yessis und Jim Benning, die meinen ersten Aufsatz über Introversion auf ihre ausgezeichnete Website *World Hum* stellten und mich sofort zu drängen begannen, ein Buch über dieses Thema zu schreiben.

Meinem Agenten Penny Nelson gebührt großer Dank. Er half mir mit großartigen Ideen und frohgemuter Begeisterung, mein Projekt zu verfassen und zu überarbeiten. Der gleiche große Dank gebührt meiner Redakteurin, Meg Leder, die sich meinen Vorschlag für das Buch anschaute, das ich wirklich gerne schreiben wollte und von dem ich annahm, es würde die Verleger interessieren. Die Arbeit mit ihr war das reine Vergnügen.

Meryl Gross feuerte mich auf unschätzbare Weise an, sie war eine Leserin, die viele äußerst kluge Vorschläge einbrachte. Lesley Gaspar, auch eine Introvertierte, war ebenfalls unglaublich hilfreich als Leserin des Blogs und des Manuskripts. Und für ihre altgewohnte Unterstützung und Geduld (insbesondere während meiner weinerlichen Jahre, als das Schreiben es nicht sonderlich gut mit mir meinte) haufenweise Liebe und Dankbarkeit an meine Freunde David Baumbach, Nancy Kruh, Karen Reiter, Diana Stewart und Christine Wicker, meinen Mann und Gehilfen Tom und meine entzückenden Schwiegereltern Tom und Jo Ann Battles. Jeder auf der Welt sollte so liebenswürdige und großherzige Freunde und Verwandte haben.

Vielen Dank auch an Dr. phil. Laurie Helgoe, deren Buch *Introvert Power* auf meinem Schreibtisch landete und mein Leben veränderte. Und schließlich Dank den Hunderten Introvertierten, von denen ich über die Jahre hinweg hörte, deren Kommentare auf dem Blog *The Introvert's Corner* ermutigend, unterhaltend und lehrreich waren. Auf meinem ersten Blog drängte ich Introvertierte, sich zusammenzutun – und das haben wir getan. Mehr Macht für uns!

Register

LOBENDE STIMMEN ZU

Introvertiert und hochsensibel

»Sophia Dembling ist der Beweis für die Vitalität unter der stillen Oberfläche der Introversion. Ihre Stimme ist aufrichtig, geistreich und erfrischend, wenn sie die häufig gehaltlosen Mythen aufdeckt, die wir unbesehen schlucken, wenn wir Extroversion als den gesunden Standard voraussetzen. *Die Macht der Stille* ist eine erfreuliche und befreiende Lektüre.«
Laurie Helgoe, PhD, Autorin von *Introvert Power: Why Your Inner Life Is Your Hidden Strength*

»Die 70 % hochsensiblen Menschen, die zu den Introvertierten zählen, erhalten durch *Die Macht der Stille* praktische Ideen für den Umgang mit anderen und dazu, wie sie sich gut fühlen können, so wie sie sind – Ruhe, Abgeschiedenheit und ein tiefgründiges Gespräch liebend.«
Elaine N. Aron, PhD, Autorin von *Sind Sie hochsensibel? (The Highly Sensitive Person)*

»Mit einer Mischung aus konkreten Beispielen, empirischer Forschung und einer guten Prise Humor ist Demblings Buch ein Aufruf an die Introvertierten, sich selbst als solche zu bezeichnen und ihre Einmaligkeit zu akzeptieren.«
Irene S. Levine, PhD, Professorin für Psychiatrie, NYU School of Medicine

»Die einzigartige Stimme der Autorin Sophia Dembling fängt die introvertierte Erfahrung großartig ein und bestätigt sie. Auf höchst amüsante Art zerpflückt sie Mythen und bindet Forschungsergebnisse und Empfehlungen ein. Egal ob man selbst introvertiert oder extrovertiert ist, allein schon die Kapitelüberschriften bringen einen zum Lächeln.«
Jennifer B. Kahnweiler, PhD, Autorin von *The Introverted Leader: Building on Your Quiet Strength*

»Unsere Gesellschaft befindet sich mitten in einer ruhigen, aber kraftvollen Revolution, die endlich die Erfahrungen und Stärken der Introvertierten anerkennt. Ich begrüße Sophias Buch als einen willkommenen Beitrag zu der stetig zunehmenden Literatur zu diesem Thema. Ihre Aufrichtigkeit, ihr Humor und ihre Zugänglichkeit machen das ruhige Leben reizvoll!«
Adam S. McHugh, Autor von *Introverts in the Church: Finding Our Place in an Extroverted Culture*